中国科技人员社会分层研究

Research on Social Stratification of Chinese Science and Technology Personnel

付连峰 ◎ 著

北京

图书在版编目（CIP）数据

中国科技人员社会分层研究／付连峰著．--北京：中国经济出版社，2022.7
ISBN 978-7-5136-7021-0

Ⅰ．①中… Ⅱ．①付… Ⅲ．①科研人员-社会结构-研究-中国 Ⅳ．①G322

中国版本图书馆 CIP 数据核字（2022）第 128937 号

策划编辑	姜　静
责任编辑	郑　潇
责任印制	马小宾
封面设计	久品轩

出版发行	中国经济出版社
印 刷 者	北京建宏印刷有限公司
经 销 者	各地新华书店
开　　本	880mm×1230mm　1/32
印　　张	6.5
字　　数	124 千字
版　　次	2022 年 7 月第 1 版
印　　次	2022 年 7 月第 1 次
定　　价	78.00 元
广告经营许可证	京西工商广字第 8179 号

中国经济出版社 网址 www.economyph.com 社址 北京市东城区安定门外大街 58 号 邮编 100011
本版图书如存在印装质量问题，请与本社销售中心联系调换（联系电话：010-57512564）

版权所有　盗版必究（举报电话：010-57512600）
国家版权局反盗版举报中心（举报电话：12390）　　服务热线：010-57512564

前　言

本书是我从事科学社会学研究 10 年来的一部阶段总结性著作。2010 年，我在南开大学社会学系赵万里老师门下攻读博士学位，开始研究科技人员、科学分层、科技体制等问题。读博期间，我在导师的指引下认真阅读了《科学社会学：理论与经验研究》《科学界的社会分层》《科学界的精英：美国的诺贝尔奖获得者》等著作，接触到了科学分层研究的诸多代表性文献及思想观点，还陆续参与了科技工作者分层问题、科技奖励获奖人员状况调查等课题，积累了组织和执行科技人员社会调查项目的宝贵经验。在对默顿学派科学社会学、建构主义科学知识社会学、科技人类学等主要流派进行了一番摸索后，我对自己研究导向和领域的定位是基于定量数据的科技人员研究，以此为立足点可以延伸至科技政策、创新政策乃至科技体制。导师的传授、指导与自己的钻研、体验融合在一起，为我后来的学术职业奠定了坚实的基础。

基于博士期间的知识积累，2016 年，我申报的"中国科技人员社会分层研究"课题成功获得国家社科基金青年项目资助。

科技人员社会分层问题是把握和理解科技体制改革轨迹、科学与社会深度融合状况、国际科学与人才动态和社会科学本土化进展的切入点，也是探索未来的改革方向、治理体系、发展战略和本土特色必须全面厘清和深入探索的重大议题。在项目研究的过程中，我的研究对象和问题没有发生变化，但是分析与解释科技人员分层问题的思路和视角发生了明显的转变。在这一阶段，我阅读了《知识生产的新模式：当代社会科学与研究的动力学》《学术资本主义：政治、政策与创业型大学》《真科学：它是什么，它指什么》等著作，这些著作从知识生产、市场行为、科学范式等视角阐述和讨论了产学研合作、学术创业等新兴议题。这些理论探索表明，科技人员、科研团队、科技机构的角色、定位与功能，科技活动的物质支持、动力模型、发展方向，科技成果的类型属性、评价标准、经济社会效应等都在向多元化、灵活性、复杂化的方向演进。我开始关注产学研合作或学术创业对科学分层、学术产出的影响及作用机理。产学研合作、学术创业或其他类似词汇意指科技人员跨越传统学术研究边界，通过专利申请、技术授权、商业咨询、衍生企业等形式参与外部社会与市场活动。从高校、科研院所、政府、企业等部门关系的角度，称之为产学研合作更为合适；从科技人员的角度，我更倾向于称之为学术创业。大量的经验研究结果表明，学术创业对科技人员的学术产出、教学活动及至科学规范与认知等具有重要影响，已经成为推动科技人员分化与分层的新动力。所以，在项目调研和写作过程中，我对科技人员的学术创业给予了更多关注，重点讨论了专利申请、横向课题对其分层地位的影响。

本书是在《中国科技人员社会分层研究报告》的基础上修改增删而成的。在项目研究过程中，课题组利用抽样调查数据、访谈资料、统计数据和文献资料对科技人员的分层状况、影响因素、作用机制，以及科技人员面临的结构与制度力量、个体策略与行动等问题进行了深入研究。

全书共有七章。

第一章导论部分介绍了中国科技人员社会分层研究的社会背景、学术研究进展及研究设计情况。

第二章讨论了当前中国科技人员的社会分层，包括分层维度与标准、分层形态与层级特征、地位一致性等。中国科技人员的分化与分层主要表现在技术职称等级、管理职务等级和人才项目等级3个维度。课题组将科技人员分为上层、中上层、中层、中下层、下层5个等级。上层科技人员的典型特征是具备正高级职称、拥有管理职务、获得国家级人才项目；中上层科技人员的典型特征是具备正高级职称、拥有管理职务、没有人才项目；中层科技人员的典型特征是具备正高级职称、无管理职务、获得地厅级人才项目；中下层科技人员的典型特征是具备副高级职称、无管理职务、无人才项目；下层科技人员的典型特征是具备中级或以下职称、无管理职务、无人才项目。

第三章讨论了科技人员分层地位的影响因素，涉及学术表现、学术创业、组织特征等因素对技术职称、管理职务、人才项目等分层维度的影响。学术论文数量、纵向课题数量、纵向课题等级、技术专利数量对分层地位具有重要影响，横向课题数量、学校等级、学科等级对部分维度的分层地位具有一定影响，性别、年龄、学位、所在省份等因素也有不同程度的影响。

第四章讨论了当前科学界的制度变迁、结构调整与科技人员的策略选择。科技人员的职业晋升面临着绩效工资、业绩考核等制度性推力，也面临着高校和地区人才争夺、高层人才和普通人才分化加剧、学术劳动力市场明显分割带来的结构性吸力，科技人员的应对策略包括勤奋甚至"拼命"、"专心搞好研究"、寻求团队助力等。

第五章讨论了科技人员在社会分层体系中的地位。在当前中国的整个社会分层体系中，科技人员的客观分层地位和主观阶层认同相对较高。客观分层地位主要受受教育年限、个人收入、管理职务、社会保障水平等因素的影响，这些因素在科技人员群体和其他群体中的影响比较相似。主观阶层认同主要受个人收入、受教育年限等客观变量和工作满意度、生活幸福感、相对公平感等社会意识变量的影响。但是，科技人员的阶层认同模式与其他群体相比并无显著区别，尤其是受教育年限因素，其在科技人员和其他职业群体中对阶层认同的影响力比较相似。

第六章讨论了科技体制改革中的热门话题——收入分配问题。一是绩效工资制度对科研产出的影响。基于案例资料的研究发现，以强调科研、强调质量为基本导向的绩效工资制度强有力地提升了科研成果的档次结构，但这是以低档次成果的减少为代价的。绩效工资也未能在个体层次上改变多数人的发表模式与科研习惯。二是市场化导向的科技体制改革对收入分配的影响。市场化未能在区域层次和组织层次显著提升人力资本的收入回报率，但在个体层次上通过经营性活动显著影响人力资本的收入回报率。经营性活动提高了受教育年限的收入回报率，却降低了年龄资历的收入回报率。区域层次的市场化没有显著影响管理职务的收入回报率，组织层次上国有集体企业中管理职务的收入回报率有一定的提升，个体层次上的经营性活动局部性降低了管理职务的收入回报率。

第七章是对全书的总结、反思和探索。科技人员的社会分层是科学界、国家政权、市场、科技人员等多股力量复杂交织的产物。第一股力量是科学界内部的自发分层动力，这是科学界内部对知识创新的优先权争夺，以及与之密不可分的马太效应、优势积累等作用机制的产物。第二股力量来自国家政权，基于科学技术的社会效应、"科学技术是第一生产力"的理念、自主创新和国家创新体系等宏观战略，国家政权以其强大的公信力和组织力为基础，通过战略规划、政策制定乃至行政管理等多种手段介入科学界的社会分层。通过各种人才计划选拔杰出科技人员并服务于经济社会发展，就是国家政权力量介入科技人员分层的典型案例。第三股力量来自市场，在产学研合作浪潮的冲击下和国家战略的推动下，市场力量和逻辑以前所未有的广度和深度介入科学技术领域，科技人员借此大势，通过多种专业性或非专业性的方式参与市场活动，这对科技人员的产出数量与质量、产出结构、自身认知与导向、收入水平与结构等产生了广泛的影响。第四种力量来自科技人员个体，科技人员既不是规范的傀儡也不局限于象牙塔，而是以积极主动的姿态迎接科学界内外力量的冲击，并通过自身的理性策略和实践行动来追逐职业利益、提升层级地位。

本书主要面向的读者群是从事科学社会学研究的学术研究人员，以及政府、高等院校、科研院所的科研与人事管理者。本书可以提供科技人员的群体结构、分层状况、教学科研状况等信息，指出现行体制制度、政策措施、战略策略及管理实践的问题和不足，为制定和实施科学合理的科技政策、人才政策和科技发展战略提供决策依据，为人事管理、薪酬福利、科研资助、科技奖励等一线科研管理工作提供重要参考。

受限于笔者的知识水平、资料丰富度与时间，本书难免存在不足之处，有待进一步完善。本书旨在抛砖引玉，引起学界对科技人员分层状况及学术创业、产学研合作等相关问题的关注与思考。敬请各位学者、同行指正，笔者不胜感激！

付连峰
2022 年 5 月 9 日

目 录

第一章 导 论 // 001

　一、研究背景与意义 // 003

　二、文献评述 // 008

　三、研究设计 // 015

第二章 当前中国科技人员的分层状况 // 021

　一、分层维度与标准 // 023

　二、分层形态与层级特征 // 032

　三、地位一致性 // 040

第三章 科技人员分层地位的影响因素 // 045

　一、职称晋升的影响因素 // 047

　二、管理职务晋升的影响因素 // 055

　三、人才选拔的影响因素 // 059

　四、综合分层等级的影响因素 // 063

第四章 制度变迁、结构调整与科技人员的策略选择 // 067

一、制度性推力：绩效工资、业绩考核及其他 // 069

二、结构性吸力：人才争夺战与学术劳动力市场分割 // 076

三、策略与行动："拼命""专心搞研究""结伴"及其他 // 081

第五章 社会分层体系中的科技人员 // 091

一、客观社会分层 // 093

二、主观阶层认同 // 100

第六章 科技体制改革中的科技人员与收入分配 // 111

一、绩效工资能否提升科研产出 // 113

二、科技体制改革如何影响收入分配 // 135

第七章 总结、反思与探索 // 163

参考文献 // 172

致　谢 // 197

中国科技人员社会分层研究

第一章

导 论

一、研究背景与意义

中国科技人员社会分层研究融合了资源分配、科研产出、科技奖励、科研人才、科技评价等诸多议题，它将国际视野与本土特质、理论探索与经验调查、学术研究与管理实践集于一体，既是科学社会学、科技管理学、科学哲学等学科的战略交叉点，又是整个科学社会研究学术进展的重要"风向标"。在科技体制改革持续深入、科学与社会深度融合、国际科技竞争日益激烈、本土化探索加速推进的新时期，科技人员社会分层研究面临着新的理论议题与经验现实。

当代中国科技体制改革经历了近40年的探索和推进，目前已经进入建设创新型国家和国家创新体系的新时期。《国家中长期科学和技术发展规划纲要（2006—2020年）》指出：国家科技创新体系是以政府为主导、充分发挥市场配置资源的基础性作用、各类科技创新主体紧密联系和有效互动的社会系统。中共中央、国务院《关于深化科技体制改革加快国家创新体系建设的意见》（中发〔2012〕6号）提出："以提高自主创新能力为核心，以促进科技与经济社会发展紧密结合为重点，进一步深化科技体制改革，着力解决制约科技创新的突出问题，充分发挥科技在转变经济发展方式和调整经济结构中的支撑引领作用，加快建设中国特色国家创新体系，为2020年进入创新型国家行列、全面建成小康社会和新中国成立100周年时成为世界科技强国奠定坚实基础。"2015年，中共中央办公厅、国务院办公厅发布《深化科技体制改革实施方案》，以构建中国特色国家创新体系为目标，进一步从技术创新市场、科研体系改革、人才培养激励、科技成果转化等10个方面提出了32项改革举措、143项政策措施。中国科技人员的社会分层状况既是改革开放40多年来科技体制改革的结果，也是未来持续深化科技体制改革的新基础、新起点。理解和把握科技人员的分层结构、变迁轨迹与深层动力对探索未来科技体制的改革方向、路径选择与制度设计至关重要。

随着大科学时代的持续演进和科学与社会的深度融合，科学技术活动的总体模式发生了深刻的变革，科学技术的社会治理取代科学建制的自治成为热门话题。20世纪八九十年代以来，科技人员、科研团队、科技机构的角色、定位与功能，科技活动的物质支持、动力模型、发展导向，科技成果的类型属性、评价标准、经济社会效应等都向着多元化、灵活性、复杂化的方向持续演进。尤其是科学技术与市场经济，大学与产业界、政府机构的关系发生了显著变化。后学院科学、知识生产新模式、学术资本主义、巴斯德象限、三重螺旋、国家创新体系等理论范式相继涌现（Freeman，1987；Nelson，1993；Gibbons，1994；Leydesdorff and Etzkowitz，1996；Ziman，2000；Slaughter and Leslie，1999；Etzkowitz and Leydesdorff，2000）。这些理论范式不仅认可科学技术对经济增长、产业结构升级的强劲作用，更强调产业界的力量对科技人员、科研活动、科技机构的复杂影响。例如，科技人员越来越多地从产业界获得股份、咨询费、酬金、专利费等经济回报，经济利益影响着科研活动中的问题选择、试验设计、数据收集、同行评议等环节，科研项目中的经济利益常常引发利益冲突、拒绝分享、延迟发表、保密行为等，甚至科研资金来源与学术内容之间也存在强关联（雷斯尼克，2019）。科技与经济、政治的深度挂钩及政府、市场力量的强势介入，使得科学界的自治几乎成为镜花水月、空中楼阁，越来越多的学者开始探讨科学技术的社会治理问题。例如，王奋宇、卢阳旭、何光喜（2015）认为，科技公共治理体系是国家治理体系的重要组成部分，核心议题是科技相关收益与风险的平衡，以及科技公共决策的知识合法性和参与合法性基础，实质是各类行动主体和利益相关者在观念和利益上的协调和妥协。赵万里（2018）提出，在科学技术的自主性和公共性之间寻求适当的张力，形塑科学与政府、市场、公众之间稳定均衡的互动关系和结构体系，是达致科学技术善治之道的关键。以科技人员的分层状况研究为切入点探析产学研合作与学术研究的关系、政府对科学分层的塑造乃至分层状况之下隐含的市场力量、政府力量等议题，有助于为探索科学技术的社会治理体系提供重要参考。

当前，国际科技竞争日益激烈，尤其是美国对中国科技领域的打压、封锁日益严厉。中国加强了尖端科学技术的开发力度，在事关国计民生和国际竞争力的科技领域和产业领域频频实现突破。同时，中国也加大了引进海外人才、开展国际合作的力度，尤其是近几年国内经济持续发展、人才政策效果凸显和国外移民政策收紧等多种力量的合力催生了自中华人民共和国成立以来最大的归国潮。例如，截至 2016 年底，留学归国人才总数达到 265.1 万人，其中 70% 是在党的十八大后回国的。与之相对应的是，美国越发担忧中国利用美国科研成果推动经济增长、产业升级和军事建设，对华裔科学家参与国际研发合作的审查日益严苛，相关新闻屡见不鲜。例如，2019 年 4 月，美国 MD 安德森癌症中心（MD Anderson Cancer Center）开除了 3 名华人科学家，理由是美国国立卫生研究院（NIH）指责三人可能"严重"违反了保密原则。2019 年 5 月，美国埃默里大学开除了李晓江、李世华两位研究人员，理由是他们未能充分披露外国研究资金来源及他们在中国研究机构和大学的工作。2019 年 8 月，《自然》期刊网站刊发了一封公开信，美国约 150 名著名生物医学科学家和制药业领导层出面，反对政府机构和大学针对在美国工作的华裔科学家的审查行动及其制造的"恐惧和不确定的气氛"，认为更广泛地限制中美科学家和公司之间的合作将损害国家利益，限制在美中国学者接受政府研究经费或受 NIH 雇用也会损害国家利益。中国加大海外人才引进力度和美国强化华裔科学家审查的"拉力"与"推力"叠加效应，可能进一步催生海外科技人才归国浪潮。在此背景下，分析中国科技人员的分层状况、分层机制及相关人才形势、政策战略的复杂影响，有助于为后续人才和科研政策调整、人才队伍结构升级乃至国家战略决策提供重要参考。

2016 年 5 月，习近平总书记在北京主持召开哲学社会科学工作座谈会并发表重要讲话，提出"要按照立足中国、借鉴国外，挖掘历史、把握当代，关怀人类、面向未来的思路，着力构建中国特色哲学社会科学，在指导思想、学科体系、学术体系、话语体系等方面充分体现中国特色、中国风格、中国气派"，这一讲话推动了中国社会科学的本土化进入一个新阶段。科学社会学的本土化是社会学本土化的重要组成部分，科技人员社会分层研究是推进科学社会学学科体系本土化的关键点和借力点。准确把握中国社会转型、科技体制改革、大科学深度演进等结构性、历史性因素，剖析中国科技人员分层状况的独特性及其社会根源，检验和反思既有理论观点与研究范式，挖掘本土化的概念与理论思想，有助于建立具有中国特色和时代特征的研究范式，推动科学社会学理论、方法和视角的本土化。

总之，改革进程、时代背景、国际环境与本土特质使得科技人员社会分层问题研究成为应有之义、必然之道。

二、文献评述

（一）国外研究进展

科技人员社会分层问题起源于默顿学派的科学分层研究。20世纪50—80年代，Merton及其学派成员确立了科学分层研究的默顿范式，即以普遍主义为基本纲领、以科学产出为决定因素的声望分层研究，发展了解释科学分层与精英形成的马太效应理论和优势积累理论。其中，Merton（1973，1988）基于科学发现优先权的研究提出了科学奖励系统的概念，并提出了马太效应和优势积累的基本思想。Zuckerman（1977）在关于诺贝尔奖获得者的研究中勾勒了美国科学分层的金字塔形结构，进一步完善和验证了推动科技精英成长的优势积累理论。Jonathan Cole 和 Stephen Cole（1989）从荣誉奖励、职业地位和知名度三个维度进一步研究了科学家的分层状况，强调论文产出、学术出身等因素对科学分层的影响，支持了基于功能主义的默顿学派科学分层理论。Reskin、Long、Allison等人的后续研究发现，马太效应、优势积累及其推论同时面临着支持性和否定性的经验证据。例如，Reskin（1977）发现，博士学位机构声望和早期引证数量对晚期论文产出具有积极影响，早期产出数量对晚期科研产出没有显著影响。Long和Mcginnis指出，科研产出对初职机构声望没有显著影响，但是任职机构声望对科研产出的影响随着时间的推移逐渐强化，个人科研产出水平倾向于同机构背景特征保持一致（Long，1978；Long and Mcginnis，1981）。Allison 等人发现，论文数量的不平等持续增长，论文引证的不平等却未持续增长（Allison，Long and Krauze，1982）。

20 世纪 90 年代前后，研究重心转向科学产出及其影响因素研究。一种典型做法是将众多潜在影响因素纳入数学模型或典型案例，加以统计筛选和理论分析。例如，Ramsden（1994）发现，研究领域、机构类型、早期兴趣等结构因素与个人因素共同决定产出水平。Long 等人指出，学术出身与研究产出率存在较强相关关系，机构背景对研究产出没有重要影响（Long，Bowers and Barnett，1998）。Brewer 等人发现，科研经历、研究资助等有助于提高学术产出（Brewer，Douglas and Facer，1999）。Teodorescu（2000）指出，研究资助、参加学术会议对论文产出影响最大。Crain（2010）发现，合作、多元化、商业周期及学术报酬等因素与研究产出存在相关关系。另一种典型做法集中探讨单类因素，主要涉及机构背景（Allison and Long，1990；Kyvik，1995；Long，1995；Fox and Mohapatra，2007）、科研合作（Landry，Traore and Godin，1996；Duque and Ynalvez，2005；Lee and Bozeman，2005；Abramo and D-Angelo，2009）、教学任务（Fox，1992；Ramsden，1994；Marsh and Hattie，2002）、科研资助（Gulbrandsen and Smeby，2005；Jacob and Lefgren，2011；Hottenrott and Thorwarth，2011；Rosenbloom，Ginther and Ted，2015）、婚姻家庭（Long, 1995; Kyvik and Teigen, 1996; Xie and Kimberlee, 1998; Hunter and Leahey, 2010）等。

随着大科学时代持续演进、科学与社会深度融合，后学院科学（Ziman, 2000）、知识生产新模式（Gibbons, 1994, 2013; Jonathan, 2002; Gulbrandsen, 2004）、学术资本主义（Slaughter and Leslie, 1999; Slaughter and Rhoades, 2004）、三重螺旋（Leydesdorff and Etzkowitz, 1996, 1998; Etzkowitz and Leydesdorff, 2000; 埃茨科维兹, 2016）、国家创新体系（Freeman, 1987; Nelson, 1993; OCED, 1999）等理论范式相继涌现。在这一理论背景下，产学研合作（又称校企合作、政产学研合作等）及其科学效应与社会效应成为新的研究热点。科技人员的产学研合作行为包括定向开发、商业咨询、成果转化、开办公司、专利授权、合作研究、合作发表论文等（Bozeman and Gaughan, 2007; Bekkers and Freitas, 2008）。产学研合作与学术研究的双向关系是经验研究中最受关注的。从科学界到产业界的知识流占据主导，从产业界到科学界的逆向知识流较为薄弱，产学研合作的科学收益还取决于积极性、选择性和创新性等策略（Fier and Pyka, 2014; Callaert, Landoni and Looy, 2015）。作为产学研合作与学术研究的典型形式，专利与论文的关系成为研究焦点。二者之间既有知识共享、灵感激发、动机强化和资助增加等积极的回馈机制，也有时间冲突、动机偏转、延迟发表和保密行为等消极的替代机制（Calderini, Franzoni and

Vezzulli, 2007; Fabrizio and Minin, 2008; Azoulay, Ding and Stuart, 2009; Klitkou and Gulbrandsen, 2010)。产学研合作对科技人员的论文产出数量与质量（Gulbrandsen and Smeby, 2005; Buenstorf, 2009; Klitkou and Gulbrandsen, 2010; Hottenrott and Thorwarth, 2011; Grimm and Jaenicke, 2015），延迟发表与保密行为（Blumenthal, Campbell and Anderson, 1997; Campbell, Clarridge and Gokhale, 2002; Penin, 2010），乃至角色认同、学术认知与科学规范等都具有重要影响。

（二）国内研究进展

中国科技人员分层研究始于20世纪80年代末。早期工作主要是引进和消化默顿学派的声望分层研究成果。例如，刘珺珺（1987）介绍了Merton、Zuckerman、Cole等的研究成果，认为知识贡献、科学声望、科学权威等概念具有理论逻辑的内洽性。顾昕（1987）着重讨论了 *Social Stratification In Science*（Cole, 1973），倡导借鉴美国科学社会学的思路和方法研究中国科学界的奖励系统、马太效应、精英统治等，认为权力、年龄资历等特殊因素的影响应予以关注。王志田（1991）介绍了科学分层现象中的马太效应、光环效应、波敦克效应等，讨论了这些现象与论文引证、工作环境、科学权威等的关系。林聚任（1997）介绍了美国性别分层研究中的社会选择、劣势积累、三重处罚、有限差别等理论观点。

21世纪初，部分学者开始探索分析中国科技人员的分层状况。林聚任（2000）调查了女性院士的职业选择、自我观念、家庭与事业观、性别地位观念，认为女性的科学地位受传统的职业分工与制度结构、文化观念与教育、婚姻家庭等各种因素的综合影响。曹聪（2004）借鉴 Zuckerman 的思路，勾勒出了中国科学分层的金字塔型结构。古继宝、李国伟（2006）以学术声望为依据，将基础研究人员分为基础层、辅助层、精英层、大师层 4 个层级。姚昆仑（2007）从职位职称和科技奖励的角度将中国科技界划分为从两院院士到低级科技人员的 6 个层次。此后的科技人员分层研究越发强调分层的"社会"维度而非"科学"维度。例如，邝小军（2010）选择以收入、技术职称和管理职务为分层依据，将科技人员分为上层、中上层、中层、中下层和下层。孙玲、尚智丛（2012）提出技术职称、行政职务和社会/学术声望的三元标准，将科技人员分为三大类、8 个层级。赵万里、付连峰（2013）选取组织资源、科研项目、荣誉奖励等 6 项标准，将科技人员从精英到底层分为 5 个层级，强调论文产出和年龄资历对分层地位的影响。付连峰（2019）发现，中国科技人员的阶层认同偏低，主观阶层认同与客观阶层地位存在明显偏差，阶层认同受科技人员的个人收入、住房状况、技术职称、管理职务、纵向课题、学术论文等因素影响。

近年来，科技人员的资源分配与科研产出问题日益受到关注。例如，秦广强、魏钦恭（2012）发现，科研人员的项目资源既受教育程度、权力、私人关系等个体特征的影响，也受单位类型、科研实力、单位规模等组织属性的影响。何光喜、赵延东、杨起全（2014）发现，科研经费的不平等程度较高，占有较多经费的科研人员并未产出同等比例的学术成果，经费过度集中于担任行政职务的科研人员手中。李强、赵延东、何光喜（2014）发现，论文数量受年龄、学习经历、技术职称等因素影响，科研时间投入与论文产出之间存在倒 U 形关系。赵延东、洪伟（2015）发现，承担企业科研项目的科研人员成果转化为产品的发生比例相对较高，在发表普通论文的数量方面毫不落后，但在发表高质量论文方面逊色于其他科研人员。宋志红、郭艳新、李冬梅（2016）运用倾向得分分层法研究了科学基金的激励效应，发现获得科学基金资助的研究者与未获得者相比普遍具有较高的科研产出。与此同时，若干学者吸收中国市场转型与社会分层研究的思想成果，研究科技体制改革历程中科技人员的社会分层问题，尤其集中在科技人员的收入分配问题上。例如，李廉水、崔维军（2009）运用基尼系数与泰尔指数研究了科技人员的收入问题，发现科技人员收入差距不明显，造成科技人员收入差距的主要来源依次是职称、地区和组织。赵万里、穆滢潭（2014）发现，人力资本和政治身份对科技人员的收入具有正向效应，教育程度与工作经验的回报率具有 U 形特征，政治身份的回报率随收入水平的提高而下降，市场化进程弱化了工作经验和政治身份对收入水平的影响。余荔、沈红（2017）发现，教师的工作特征特别是职称等级对收入差距影响最大，教师工龄、教育程度、海外经历等人力资本要素也是影响收入分配的重要因素，院校特征对收入差距的贡献呈现上升趋势。石长慧、李升（2017）发现，科研人员的收入在社会中处于较高的位置且收入差距相对较小，职称、专业领域、区域和单位类型对科研人员收入差距的贡献度较大。付连峰（2021）发现，市场化在区域层次、组织层次上对人力资本、行政资本的收入回报率影响较小，甚至没有显著影响，但在个体层次上通过经营性活动显著影响人力资本的收入回报率；个体层次上的经营性活动提高了受教育程度的收入回报率，但降低了年龄资历、管理职务的收入回报率。

（三）文献脉络与框架

总体来看，科学分层研究主要包括3种典型范式，每种范式都在既定的理论视角与分析逻辑之下关注特定的影响因素及其作用机制。一是以默顿学派为代表的声望分层范式，强调科学建制内部对做出独创性贡献的科技人员给予科学承认或声望回报，科学界的分层是基于科研成果和声望竞争的自发过程，相应经验研究中的因变量是知名度、职业位置、科技奖项等，主要的自变量是科研成果的数量和质量。二是科研贡献分层范式，认为科研贡献的数量和层级本身就体现了层级差别，这种层级差别是科技人员的社会特征与策略选择差别的结果，相应经验研究中的因变量是学术论文、科研的数量与质量，主要的自变量包括人力资本、行政权力、科研合作、组织特征、产学研合作行为等。三是社会分层范式,强调科技人员作为一般社会成员的普遍性,尤其关注宏观社会的结构与变迁对科技人员的影响及群体差异,相应经验研究中的因变量是个人收入、管理职务、技术职称等,自变量包括人力资本、组织特征、科研合作、经济发展、社会转型等。概括来说,既有研究成果集中于科学分层、科研产出、影响因素及作用机制等议题,在夯实理论基础、发展理论体系、探索研究方法、构建数学模型等方面均已取得丰硕成果。但是,相较于国外研究,国内研究起步较晚、研究力量相对分散、研究进程略有滞后、研究广度与深度有待提高。国内研究在把握社会转型、科技发展和科技体制改革的时代特征方面稍显迟滞,在分析科技人员的主观努力与理性行动对分层地位的影响等方面略显薄弱,在实现宏观与微观、定量与定性、结构与行动的衔接与过渡方面有待加强。

三、研究设计

(一)研究对象与主题

本研究以改革发展新时期的中国科技人员为对象,以科技人员的社会分层为主题,研究当前中国科技人员的分化态势与分层状况,分析科技人员的产出状况、资源支持、影响因素及作用机制,解析宏观的社会转型、体制改革、科技发展和微观的理性策略、个体行动对科技人员职业发展的影响,探索本土化的科学社会学理论、方法和视角。

（二）研究思路与方法

基本思路为"四个结合"：一是理论研究与经验研究相结合，既要运用当代中国的经验资料来检验既有理论思想，又要从中国经验现实中发掘本土化的概念、思想与实践。二是结构研究与行动研究相结合，既要考察科学界的制度设置与利益结构对科技人员的理性思考及行动的塑造，又要分析个体行动对制度与结构的反作用。三是宏观研究与微观研究相结合，既要探究社会转型、体制改革和科技发展对地位获得的影响，又要解析个体理性选择与策略性行动对职业发展的推动。四是定量研究与定性研究相结合，既要建立关于分层状况及影响因素的量化分析与统计模型，又要发掘职业历程中的关键事件、重要抉择、变化轨迹及内在逻辑。

方法一是抽样调查。调查内容包括：①个人基本情况，包括性别、年龄、第一学历、最后学位等；②科学分层地位，包括技术职称等级、管理职务等级、人才选拔等级；③科研活动情况，包括学术论文、科研项目、科技奖项、技术专利、横向课题等；④任职机构情况，包括所在院校等级、学科类别、学科评估等级等。调查样本来自高等院校。之所以将高等院校作为样本来源，主要是基于以下几点考虑：①高等院校是科技研发与创业创新的生力军，在中国国家创新体系中占据举足轻重的地位。根据《中国统计年鉴2020》数据，高等院校现有科学研究与试验发展（R&D）人员123.3万人，科学研究与试验发展（R&D）人员全时当量56.5万人年，科学研究与试验发展（R&D）经费1796.6亿元，研发课题118.9万项，发表科技论文144.7万篇，专利授权数21.3万件。②高等院校学科门类齐全，学校和学科层次鲜明，有利于更好地凸显学科、院校等组织机构因素对科技人员分层地位的影响。高等院校多数覆盖了理学类、工学类、农学类、医学类、管理学等学科门类，高校之间有着双一流大学、双一流学科、一本院校、二本院校、专科院校等界限明确的等级体系，学科实力与声望也因学科评估具有较高可信度的学科等级（如2017年全国第四次学科评估将各个学科从高到低分为A、B、C、D四类学科）。③高等院校承担教育教学、科技研发、社会服务或产学研合作等多重任务，较为集中地体现了科技人员固有的学术研究与产学研合作、教育教学与科学研究等深层矛盾，对于调整科技战略规划、改进科技管理实践工作具有重要的参考价值。在抽样调查中，课题组采用多阶段整群抽样方案选取被调查者。抽样方案如下：在第一阶段抽样中，课题组将全国省级行政区分为东部、中部和西部，分别选取天津、河南和四川3个省（直辖市）；在第二阶段抽样中，将每个省（直辖市）的高等院校分为双一流大学、双一流学科院校、双非博士点院校、其他院校4个层次，从这4个层次中分别抽取1所院校；在第三阶段抽样中，根据每所高校的院系名单，随机抽选3个学院，被抽中的学院的全体教师整体性纳入样本。总共抽取12所高校、36个学院、2858人。

最后，课题组依据高校数量和人数比例对样本进行加权处理。

方法二是深度访谈。深度访谈以科技人员的职业发展历程为主题，涉及选择研究方向、争取科研资源、创造科研成果、参与科研团队、营造学术网络等。访谈重点是职业成长过程中的关键节点、重要事件、重要他人，尤其是重要事件中的情境背景、制度设置、理性思考、策略选择、实际行动等。课题组对60多位科技管理人员和一线科技人员进行深度访谈。访谈对象的选取考虑了性别、年龄、学科、机构属性等因素，保证访谈对象具有类别典型性。

（三）变量设置

变量定义与赋值情况如表1-1所示。

表1-1 变量的定义与赋值

变量	类型	定义	赋值
性别	定类	科技人员个人的生理性别	男性=1，女性=2
年龄	定距	2020年调查时科技人员的生理年龄	2020减去出生年份
最后学位	定序	截至2020年底被调查者获得的最高学位	博士=1，硕士及以下=2
第一学历	定序	科技人员的第一学历	双一流高校=1，其他院校=2
最后学位毕业院校	定序	科技人员获得最高学位时所在院校的等级	双一流高校=1，其他院校=2
技术职称	定序	科技人员的专业技术职务任职资格等级	初级或无职称=1，中级职称=2，副高级职称=3，正高级职称=4

续表

变量	类型	定义	赋值
管理职务等级	定序	科技人员的管理职务对应的行政级别。包括系、研究所、学院的系主任、研究所所长、学院院长等职务的正职或副职	无管理职务=1，副科级或科级=2，副处级及以上=3
人才选拔等级	定序	科技人员获得或入选的国家级、省部级和地厅级人才计划项目。其中包括院士、长江学者、海外高层次人才引进计划、国家高层次人才特殊支持计划、百千万人才工程、国家杰出青年科学基金、国家优秀青年基金、国务院特殊津贴获得者等，学术技术带头人、××学者、特聘教授、教学名师、科技创新人才，教育厅学术技术带头人、教育厅青年骨干教师、高校创新人才、××大学骨干教师、××大学学科带头人等	无人才项目=1，地市级=2，省部级=3，国家级=4
论文数量	定距	科技人员发表论文的数量，不区分作者身份和论文等级	计数型变量
论文质量	定序	科技人员发表的学术论文达到的最高级别，主要指是否发表被SCI/EI/ISTP收录的论文	曾发表高质量论文=1，未发表高质量论文=0
纵向课题数量	定距	科技人员主持或参与科研项目的总项数，不区分排名次序、项目等级等	计数型变量
奖项数量	定距	科技人员获得的国家级和省部级奖项的总数，不区分排名顺序	计数型变量
技术专利数量	定距	科技人员参与申报的技术专利的总件数，不区分排名顺序	计数型变量
横向课题数量	定距	科技人员参与的横向课题的总项数，不区分排名顺序、经费额度	计数型变量
国家级项目数量	定距	科技人员主持的国家级项目的总项数，仅限以主持人身份获得的国家级项目	计数型变量

续表

变量	类型	定义	赋值
国家级课题	定序	是否主持获得国家级项目	是=1，否=0
所在院校等级	定序	科技人员所在高校的声望级别，从低到高分为四档，即普通院校、双非博士点院校、双一流学科院校、双一流大学	普通院校=1，双非博士点院校=2，双一流学科院校=3，双一流大学=4
所属学科等级	定序	被调查者所在学科2017年学科评估被认定的等级	D类学科=1，C类学科=2，B类学科=3，A类学科=4

（四）创新之处

第一，研究视野开阔。尝试打破既有研究忽视社会环境和偏重客观因素的局限，关注宏观社会转型、科技体制改革与科技发展新趋势，强调科技人员的理性策略与社会行动，力求实现宏观与微观、主观与客观、结构与行动的有机结合。

第二，理论观点新颖。探索突破默顿范式所持的研究视角与观点，强调科学与社会深度融合时代的学术研究与产学研合作对分层地位的决定性影响，深究产学研合作与科研产出之间的关系，力求体现科学技术的新发展对分层问题的影响。

第三，研究路径优化。努力突破既有研究偏爱量化统计分析的局限，注重定性资料的收集与分析，挖掘科技人员职业历程中的典型事例及其蕴含的本土化概念与逻辑，弥补量化研究缺乏思考深度和阐述力度等缺陷，力求实现量化研究与质性研究的深度融合。

第二章

当前中国科技人员的分层状况

中国科技人员的职业地位获得主要有专业技术职务晋升、行政职务晋升、人才选拔三条路径，相应的分层标准是技术职称等级、管理职务等级和人才项目等级。基于多元分层思路和聚类分析统计技术，中国科技人员可以分为上层、中上层、中层、中下层、下层五个层级。不同分层维度之间具有较高的地位一致性，尤其是技术职称等级和人才项目等级之间的地位一致性相对较高。

一、分层维度与标准

（一）技术职称等级

技术职称是科技人员的专业技术水平、能力及成就的等级称号，是反映科技人员的技术水平、工作能力的综合标志。在评聘分离的条件下，科技人员获得聘任的岗位被称为"专业技术职务"（简称职务），科技人员的专业水平以"专业技术职务任职资格"来标识（简称职称）。技术职称从低到高依次是初级、中级、副高级和正高级，不同的技术职称序列或机构类型中有不同的称谓。例如，高等院校中一般从低到高依次是助教、讲师、副教授、教授；科研机构中则是研究实习员、助理研究员、副研究员和研究员。技术职称体系基本覆盖了全体科技人员，这是它与行政职务、人才项目的显著区别。技术职称的部分系列及级别见表 2-1。

表 2-1 技术职称的部分系列及级别

系列	高级		中级	初级	
	正高级	副高级		助理级	员级
高等学校教师	教授	副教授	讲师	助教	—
自然科学研究人员	研究员	副研究员	助理研究员	研究实习员	—
社会科学研究人员	研究员	副研究员	助理研究员	研究实习员	—
工程技术人员	正高级工程师	高级工程师	工程师	助理工程师	技术员
实验技术人员	正高级实验师	高级实验师	实验师	助理实验师	实验员
农业技术人员	教授级高级农艺师	高级农艺师	农艺师	助理农艺师	农业技术员
	教授级高级兽医师	高级兽医师	兽医师	助理兽医师	兽医技术员
	教授级高级畜牧师	高级畜牧师	畜牧师	助理畜牧师	畜牧技术员
卫生技术人员	主任医师	副主任医师	主治医师	住院医师	医士
	主任药师	副主任药师	主管药师	药师	药士
	主任护师	副主任护师	主管护师	护师	护士
	主任技师	副主任技师	主管技师	技师	技士

技术职称对科技人员的项目申报、论文发表、研究生培养、产学研合作、薪酬福利等方面的门槛资格、等级差别具有重要影响。首先，技术职称关系到科技人员申报项目、指导研究生、参与学术管理等事项的基本资格。例如，国家自然科学基金项目管理办法中明确规定："依托单位的科学技术人员具备下列条件的，可以申请面上项目：①具有承担基础研究课题或者其他从事基础研究的经历。②具有高级专业技术职务（职称）或者具有博士学位，或者有2名与其研究领域相同、具有高级专业技术职务（职称）的科学技术人员推荐。"又如，获得指导博士研究生、硕士研究生的资格，分别需要正高级职称、副高级职称（需要指出的是，目前部分高校对此政策进行了改革，如允许符合一定条件的讲师或副教授指导博士研究生等）。其次，技术职称与科技人员的业绩核算、工资福利、引进待遇等的等级差别存在对应关系。例如，HST大学核算授课工作量时，每个课时量给予教授、副教授和讲师的起始系数分别为1.6、1.4、1.2，也就是说同样的一节45分钟的课，不同职称的科技人员所获得的工作量不一样。又如，按照2018年事业单位专业技术人员基本工资标准，新晋的讲师（十级）、副教授（七级）、教授（四级）的岗位工资分别是1600元、2210元、2900元。除了这些外显的、制度化的入门资格或等级差别，科学界还存在基于技术职称及年龄资历的多种隐性差别，例如，期刊用稿更青睐资深教授的投稿，基金资助更倾向于资助有一定资历和成果的高级职称人员等。研究发现，基金系统的同行评议机制更有利于资深科技人员（雷斯尼克，2015），高职称科研人员获得的科技资源远高于低级别职称者（秦广强、魏钦恭，2012）。因此，技术职称是衡量科技人员业内声望的核心指标之一，技术职称晋升是科技人员最基础、最重要的晋升路径。姚昆仑（2007）、孙玲（2012）、赵万里（2013）等把技术职称作为科技人员分层的重要标准。

作为分层标准之一，职称的优点在于层次分明、体系完整、覆盖面广、社会认可度高。职称的弱点之一是职称评定一般考虑任职年限的下限而较少考虑上限，参与评审同一职称的候选者达到评审条件的年限参差不齐，因此它往往将不同年龄层次的人混杂在一起。例如，有的高校教师任职两三年即很快达到参评副教授的教学科研业绩条件；同时，有的高校教师历经十几年缓慢累积才达到参评副教授的教学科研业绩条件。另一个弱点是职称评定之后永久有效（能上不能下），这导致参评后同一职称的科技人员业绩表现可能有着天壤之别。

（二）行政管理职务

行政管理职务晋升从低到高依次是副科级、正科级、副处级、正处级、副厅级、正厅级乃至更高级别，此级别序列与政府公务人员的行政级别大致对应。科技人员的行政职务包括大学校长/副校长、学院院长/副院长、系主任/副系主任、教研室主任/副主任、实验室主任/副主任、研究所所长/副所长等。科技人员，尤其是精英群体担任行政管理职务是中国科学界的一大特色。与国外科技精英群体相比，中国精英科学家在开展科学研究的同时，不得不肩负国家科技发展的行政管理任务，且行政任职人员比例高、任职时间长（徐飞、汪士，2010）。徐祥运、林琳（2014）发现，中外杰出科学家在行政任职时间、任职规模、任职类型、任职岗位流动及其流动特征等方面均表现出明显的差异。王高峰、孔青青、徐飞（2020）基于中国科学院院士和诺贝尔物理学奖获得者群体的比较研究，发现中科院院士当选前、当选后和前后持续担任行政职务的比例均高于诺贝尔奖获得者，中科院院士往往以全职方式而非兼职方式担任行政职务。

随着党和国家的工作重心从"以阶级斗争为纲"转移到"以经济建设为中心"，科技体制从高度集中的计划科学体制过渡到市场化科技体制，从强调科技人员的政治面貌与政治表现变为强调行政管理职能与权力。在科技体制改革的过程中，行政管理职务的重要性和影响力"变中有升"：一方面，科学基金制的建立、专业组织的非政府化、学术团体影响力增强等多项变化分割和弱化了相应的资源分配、人事管理等行政权力；另一方面，政府对科技工作的重心转向宏观管理，高等院校、科研院所和企业等单位被赋予更多的经营管理自主权。换句话说，统一的、自上而下的国家行政权力对科技人员的影响范围和力度均有所降低，但是科研机构内部行政权力的影响力却有所上升（付连峰，2016）。研究发现，行政管理职务对科学界的资源分配、论文发表、成果评价、职业晋升等具有重要影响（李志峰、浦文轩、刘进，2013；何光喜、赵延东、杨起全，2014；罗党论、应千伟、李旭峰，2015；李静、牛毅、林哲薇，2016；李文平、刘莹，2020）。

（三）人才选拔

人才选拔晋升路径，即中央政府、地方政府、学术机构等设立的一系列的人才选拔计划、工程或项目，这些项目的通常做法是将人才头衔与科研资助结合起来，辅之以相应的学术职位、团队条件、科研平台和物质待遇等，兼有选拔、培育、评价、激励等复合型功能。这些人才计划、工程或项目已经基本形成等级化的纵向序列体系，同时覆盖了主要的学科门类或研究领域。全国性的人才选拔项目包括国家"高层次人才特殊支持计划"（万人计划）、教育部"长江学者奖励计划"、国家杰出青年科学基金等。各省（自治区、直辖市）也有类似的××学者、省特聘教授、××创新人才等项目。例如，河南省的省级人才选拔项目包括省优秀专家、省杰出专业技术人才、省科技创新杰出人才和杰出青年、享受省政府特殊津贴人员、省学术技术带头人、省特聘教授、省特聘研究员等。高等院校、科研院所、省属部门、市政府等也有相应级别的人才选拔项目。从科技奖励制度的角度来看，人才选拔项目属于科技人才奖，它与政府科技奖、社会力量设奖共同组成当前中国的科技奖励体系，其突出特点是将人才头衔与科研项目融为一体，使其与政府科技奖、社会力量设奖有明显区别。科技人才奖及其"奖励+资助"的奖励方式，不仅有助于改善当前科技奖励体系中个人奖过少、奖励强度不够、奖励方式单一等问题，而且有助于解决技术职称体系区分度不高、人才选拔不力的问题。但是，人才选拔项目往往与政府经济社会发展战略密不可分，具有明显的政府规划色彩。郭书剑（2020）认为，以人才项目为代表的学术精英生成路径突出了精英选拔与评价过程中的组织性和体制性，具有强烈的官方性和浓厚的行政化色彩，这与基于同行评议和同行承认的传统学术精英生成路径差异悬殊。人才项目也引发了指标化、政治化、目标化倾向，制造学术职业内部隔阂与分割，诱发功利性科研行为等非预期后果（蔺亚琼，2018；郭书剑，2018）。

获得人才选拔项目通常要经过确立人才标准、人才遴选与评审、人才支持与培养等环节，入选者一般要满足职业道德、创业创新能力、经营管理水平等维度下的多重标准。例如，河南省高层次人才项目选拔的典型条件包括：①科技奖项条件，国家自然科学奖二等奖前3名完成人，国家技术发明奖二等奖前3名完成人，国家科技进步奖二等奖前3名完成人，省部级科学技术进步奖一等奖前3名完成人，"全国创新争先奖"获得者，教育部高等学校科学研究优秀成果奖（人文社会科学）一、二等奖前3名完成人等。②行政任职条件，国家重点实验室、工程实验室、工程技术研究中心副主任前2名，全国专业标准化技术委员会副主任委员，省级重点实验室、工程技术研究中心、工程实验室（工程研究中心）主任，"世界500强"企业二级公司或地区总部高管及技术研发负责人等。③科研项目条件，国家科技重大专项专家组成员、项目分课题组组长，国家重点研发计划项目负责人（国家科技支撑计划课题第一负责人，"973计划"项目首席科学家助理、课题组第一负责人，"863计划"主题项目或重大项目首席专家，专题组组长、副组长），国家自然科学基金重点项目负责人，国家社会科学基金优秀成果项目第一负责人等。① 经过严格程序和极高标准选拔出来的科技人才项目获得者具有极高的含金量和区分度，以致许多组织部门将其作为对外宣传、招聘人才、分配资源、给定待遇的重要依据，包括将人才项目入选者作为组织声望与实力的象征，将人才计划作为区分应聘者档次的标准及给予物质待遇的依据等。例如，HHD大学（双一流学科大学）的高层次人才招聘，就是将人才项目及人才项目的不同等级（杰出人才、领军人才、青年人才等）作为区分岗位级别、个人薪酬、住房条件、安家费、科研启动费、科研团队等引进待遇的基本依据，对于没有获得人才项目的科技人员则提出了科研项目、学术论文等具体标准。HHD大学（双一流学科大学）的高层次人才招聘情况见表2-2。

---

① 上述条件根据《河南省高层次人才认定和支持办法》（豫人才〔2017〕5号）整理，具体条文有删减。

表 2-2 HHD 大学（双一流学科大学）的高层次人才招聘情况

岗位	条件	薪酬	住房	安家费	科研启动费	安排团队成员
杰出人才特区第一层次	中国科学院院士、中国工程院院士、"万人计划"杰出人才、其他同等水平人才	面议，从优	200 平方米左右（免费）	200 万元	自然工程类 2000 万~3000 万元、人文社科类 400 万~600 万元	5~7 人
杰出人才特区第二层次	长江学者、国家杰青、"万人计划"领军人才、其他同等水平人才。人文社科类不超过 55 周岁，自然工程类不超过 50 周岁	年薪 80 万元	170 平方米左右（免费）	100 万元	自然工程类 1000 万~2000 万元、人文社科类 200 万~400 万元	3~5 人
杰出人才特区第三层次	"万人计划"青年拔尖人才、青年长江学者、国家优青、"百千万人才工程"国家级人选、国家社科基金重大招标课题首席专家、国家自然科学基金重大研究计划项目首席科学家、其他同等水平人才。人文社科类不超过 55 周岁，自然工程类不超过 50 周岁	年薪 60 万元	140 平方米左右（免费）	50 万元	自然工程类 500 万~800 万元、人文社科类 150 万~200 万元	2~3 人

续表

岗位	条件	薪酬	住房	安家费	科研启动费	安排团队成员
杰出人才特区第四层次	世界知名高水平大学优秀博士毕业生或博士后研究人员；国家自然科学基金重点项目主持人，发表高水平论文 10 篇；国家社会科学基金重点项目主持人，发表高水平论文 5 篇；其他同等水平人才。人文社科类不超过 40 周岁，自然工程类不超过 35 周岁	年薪40万元	120平方米左右（免费）	30万元	自然工程类150万~200万元、人文社科类50万~100万元	1~2人

二、分层形态与层级特征

基于上文的分析，课题组选用的分层变量包括：①技术职称等级，从高到低分为正高级、副高级、中级及以下，分别赋值 3、2、1。②管理职务，分为有管理职务和无管理职务，分别赋值 1、0。③人才项目等级，从高到低分为国家级、省部级、地厅级、无人才项目，分别赋值 4、3、2、1。在选定分层变量的基础上，课题组运用聚类分析的两步聚类法探析当前科技人员的分层状况。两步聚类法能够按照统计指标对个案进行分类，能够输出最优聚类数量的判别结果及聚类大小、类别特征、变量重要性等统计结果,或按照指定聚类数量生成相应的类别及其统计特征。

(一)自动聚类的分层状况

两步聚类法的自动分层结果表明,科技人员适合分为两个层级。从分层特征来看,上层科技人员技术职称等级相对高,尤以正高级职称为主,而且拥有管理职务、获得人才项目的科技人员都处于这一层级。下层科技人员则是没有管理职务、未获人才项目的副高级职称和中级职称科技人员。在这一分层结果中,两个层级科技人员的技术职称、人才项目、管理职务都存在非常鲜明的界限。这些界限表现在:正高级职称、地厅级及以上人才项目、管理职务等要素全部属于上层,无人才项目、无管理职务等要素则全部属于下层(见图2-1、图2-2)。

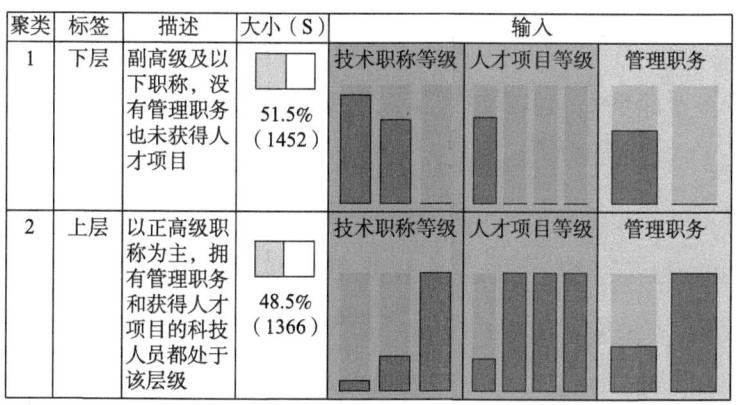

图 2-1 自动分类(单元格显示相对分布)

输入（预测变量）重要性
■1.0 ■0.8 ■0.6 ■0.4 ■0.2 □0.0

聚类	标签	描述	大小（S）	输入		
1	下层	副高级及以下职称，没有管理职务也未获得人才项目	51.5% (1452)	技术职称等级	人才项目等级	管理职务
2	上层	以正高级职称为主，拥有管理职务和获得人才项目的科技人员都处于该层级	48.5% (1366)	技术职称等级	人才项目等级	管理职务

图2-2 自动分类（单元格显示绝对分布）

（二）指定聚类数量的分层状况

为了便于比较，课题组将科技人员分层数量界定为 5 层，分别为上层、中上层、中层、中下层和下层。两步聚类法的分析结果表明，从分层变量的重要性来看，最重要的分层变量是人才项目等级，其次是管理职务，最后是技术职称等级。其中，人才项目把中层、中上层、上层这三个较高层级和其他两个较低层级分开，两个较低层级中的科技人员没有人才项目；管理职务把上层、中上层这两个较高层级和其他三个较低层级区分开来，拥有管理职务者仅限于两个较高层级的科技人员；技术职称等级在各层级之间的区分度略逊一筹，尽管上层、中下层、下层的科技人员都对应着特定等级的技术职称，但是中层和中上层科技人员的技术职称分布情况较为分散。具体分层状况见图 2-3 和图 2-4。

输入（预测变量）重要性

1.0 0.8 0.6 0.4 0.2 0.0

聚类	标签	描述	大小（S）	输入
1	中下层	技术职称是副高级职称；没有管理职务；没有人才项目	28.1%（791）	管理职务 技术职称等级 人才项目等级
4	下层	技术职称是中级职称及以下；没有管理职务；没有人才项目	23.5%（661）	管理职务 技术职称等级 人才项目等级
5	上层	技术职称是正高级职称；多数拥有管理职务；部分拥有国家级人才项目	17.8%（502）	管理职务 技术职称等级 人才项目等级
2	中层	技术职称以副高级和正高级为主；所有人都没有管理职务；人才项目以省部级和地厅级为主	17.6%（495）	管理职务 技术职称等级 人才项目等级
3	中上层	技术职称以正高级为主；所有人都有管理职务；人才项目以省部级和地厅级为主	13.1%（369）	管理职务 技术职称等级 人才项目等级

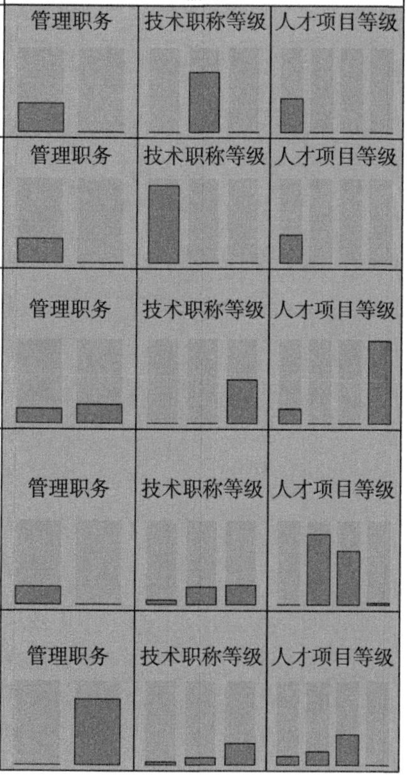

图 2-3　当前科技人员的分层状况（单元格显示相对分布）

聚类 5 是上层科技人员。该层级全部都拥有正高级技术职称，并且拥有正高级职称的科技人员多数分布在这一层级。该

输入（预测变量）重要性
■1.0 ■0.8 ■0.6 ■0.4 ■0.2 ■0.0

聚类	标签	描述	大小（S）	输入		
				管理职务	技术职称等级	人才项目等级
1	中下层	技术职称是副高级职称；没有管理职务；没有人才项目	28.1%（791）			
4	下层	技术职称是中级职称及以下；没有管理职务；没有人才项目	23.5%（661）			
5	上层	技术职称是正高级职称；多数拥有管理职务；部分拥有国家级人才项目	17.8%（502）			
2	中层	技术职称以副高级和正高级为主；所有人都没有管理职务；人才项目以省部级和地厅级为主	17.6%（495）			
3	中上层	技术职称以正高级为主；所有人都有管理职务；人才项目以省部级和地厅级为主	13.1%（369）			

图2-4 当前科技人员的分层状况（单元格显示绝对分布）

层级拥有管理职务的比例并不高，拥有管理职务者的一部分处于这一层级。该层级最为突出的特征是获得国家级人才项目的科技人员都处于这一层级，尽管获得国家级人才项目的科技人员在该层级中所占比例并不很高。

聚类3是中上层科技人员。该层级的技术职称以正高级为主，兼有部分副高级和中级职称的科技人员。该层级全都拥有一定等级的管理职务，且拥有管理职务者绝大多数分布在这一层级。该层级多数没有获得人才项目，少部分人拥有地厅级和省部级人才项目。该层级最典型的特征是全部拥有管理职务。

聚类2是中层科技人员。该层级的技术职称以副高级和正高级为主，还包含少量的中级职称科技人员。该层级没有管理职务，这一点与下层、中下层科技人员类似，但与上层、中上层科技人员形成了鲜明的对比。该层级的科技人员都拥有地厅级和省部级人才项目，尤其以地厅级人才项目为主，人才项目等级低于上层但优于中上层。获得人才项目是该层级的典型特征。

聚类1是中下层科技人员。该层级的人员特征相对比较纯粹，主要体现在拥有副高级职称，且拥有副高级职称者大多处于这一层级，但没有获得人才项目，也未担任管理职务。这一层级与下层科技人员相似，只是技术职称层次略高。

聚类4是下层科技人员。该层级的人员特征也比较单纯，由拥有中级职称但无管理职务、无人才项目的科技人员构成。

（三）参考科研成果的分层状况

为了精确地反映科技人员的分层状况，课题组进一步将学术研究和产学研合作两类科研成果的相关变量纳入聚类分析。其中，学术研究成果包括学术论文和纵向课题，产学研合作成果包括技术专利和横向课题。聚类分析结果表明，参考科研成果的最优分层数量是4层，可以参考其层级特征将其命名为精英层、次精英层、中层、下层。在这一分层结果中，人才项目和管理职务的区分度很高，管理职务仅限于精英层，人才项目仅限于精英层和次精英层。具体情况见图2-5~图2-7。

输入（预测变量）重要性
■1.0 ■0.8 ■0.6 ■0.4 ■0.2 □0.0

聚类	标签	大小（S）	输入						
			管理职务	技术职称等级	人才项目等级	发表论文数量	纵向课题数量	专利数量	横向课题数量
4	中层	38.8%（1092）	无管理职务（100.0%）	副高级（71.6%）	无（100.0%）	21.45	6.38	2.28	0.78
1	下层	23.4%（659）	无管理职务（100.0%）	中级及以下（100.0%）	无（100.0%）	8.27	3.17	1.21	0.38
2	次精英层	19.0%（536）	无管理职务（100.0%）	正高级（50.4%）	地市级（56.2%）	30.47	6.94	2.82	0.60
3	精英层	18.8%（531）	有管理职务（89.1%）	正高级（74.8%）	无（45.8%）	71.08	13.77	10.33	3.12

图2-5 参考科研成果的分层状况（单元格显示聚类中心）

第二章 当前中国科技人员的分层状况

输入（预测变量）重要性
■1.0 ■0.8 ■0.6 ■0.4 ■0.2 □0.0

聚类	标签	大小(S)	输入						
			管理职务	技术职称等级	人才项目等级	发表论文数量	纵向课题数量	专利数量	横向课题数量
4	中层	38.8%（1092）							
1	下层	23.4%（659）							
2	次精英层	19.0%（536）							
3	精英层	18.8%（531）							

图 2-6 参考科研成果的分层状况（单元格显示相对分布）

输入（预测变量）重要性
■1.0 ■0.8 ■0.6 ■0.4 ■0.2 □0.0

聚类	标签	大小(S)	输入						
			管理职务	技术职称等级	人才项目等级	发表论文数量	纵向课题数量	专利数量	横向课题数量
4	中层	38.8%（1092）							
1	下层	23.4%（659）							
2	次精英层	19.0%（536）							
3	精英层	18.8%（531）							

图 2-7 参考科研成果的分层状况（单元格显示绝对分布）

精英层科技人员的层级特征：技术职称以正高级为主，兼少部分副高级职称；全都有管理职务，且拥有管理职务者都处于这一层级；拥有各级人才项目者占相当大的比例，尤其是国家级人才项目获得者大多处于这一层级；学术论文、纵向课题、专利、横向课题数量均远超其他层级。

次精英层科技人员的层级特征：技术职称以正高级和副高级为主，其中正高级职称相对较多；没有管理职务；拥有人才项目者占相当大的比例，但是人才项目以地厅级和省部级为主；各类科研成果明显低于精英层，但是与中层科技人员的差距相对较小，尤其是纵向课题、专利、横向课题的数量与中层科技人员较为接近。

中层科技人员的层级特征：技术职称以副高级职称为主，兼有一部分正高级职称；没有管理职务；没有获得任何级别的人才项目；该层级的科研成果与次精英层差距较小，但是明显高于下层科技人员。

下层科技人员的层级特征：技术职称全部为中级及以下职称，没有管理职务；没有获得任何级别的人才项目；学术研究和产学研合作的科研成果都是最低的。

三、地位一致性

管理职务与技术职称等级的交叉见表2-3。对于无管理职务者，技术职称等级的分布情况是中级及以下占 36.5%、副高级占 40.1%、正高级占 23.4%；对于有管理职务者，技术职称等级的分布情况是中级及以下占 9.1%、副高级占 22.3%、正高级占 68.6%。总体来看，有管理职务者的技术职称等级明显高于无管理职务者，技术职称较高的科技人员担任管理职务的比例也相对较高。这一结果充分体现了中国科学界"研而优则仕"或"双肩挑"的特色。

表 2-3 管理职务与技术职称等级的交叉表

分类			技术职称等级			总计
			中级及以下	副高级	正高级	
管理职务	无管理职务	计数	869	955	556	2380
		行（%）	36.5	40.1	23.4	100.0
		列（%）	95.6	90.7	64.9	84.4
	有管理职务	计数	40	98	301	439
		行（%）	9.1	22.3	68.6	100.0
		列（%）	4.4	9.3	35.1	15.6
总计		计数	909	1053	857	2819
		行（%）	32.2	37.4	30.4	100.0
		列（%）	100.0	100.0	100.0	100.0

管理职务与人才项目等级的交叉见表 2-4。对于无管理职务者，拥有地市级、省部级、国家级人才项目的比例分别为 11.7%、6.2%、2.4%，约有 20%拥有各级人才项目；对于有管理职务者，拥有上述 3 个级别的人才项目的比例分别为 14.7%、

18.4%、17.0%，约有 50%拥有各级人才项目。总体来看，管理职务与人才项目等级存在明显的相关性。

表 2-4 管理职务与人才项目等级的交叉表

分类			人才项目等级				总计
			无	地市级	省部级	国家级	
管理职务	无管理职务	计数	1924	281	149	58	2412
		行（%）	79.8	11.7	6.2	2.4	100.0
		列（%）	89.7	81.2	64.8	43.6	84.5
	有管理职务	计数	220	65	81	75	441
		行（%）	49.9	14.7	18.4	17.0	100.0
		列（%）	10.3	18.8	35.2	56.4	15.5
总计		计数	2144	346	230	133	2853
		行（%）	75.1	12.1	8.1	4.7	100.0
		列（%）	100.0	100.0	100.0	100.0	100.0

技术职称等级与人才项目等级的交叉见表 2-5。对于中级及以下职称者，拥有人才项目的比例是 4.6%，其中地市级、省部级和国家级的比例分别是 3.3%、1.2%、0.1%；对于副高级职称，拥有人才项目的比例提升至 22.6%，其中地市级、省部级和国家级的比例分别是 16.4%、6.0%、0.2%；对于正高级职称，近 50%拥有各级人才项目，其中地市级、省部级和国家级的比例分别是 16.2%、18.2%、15.2%。技术职称等级与人才项目等级也存在较强的相关性。

表 2-5 技术职称等级与人才项目等级的交叉表

分类			人才项目等级				总计
			无	地市级	省部级	国家级	
技术职称等级	中级及以下	计数	869	30	11	1	911
		行（%）	95.4	3.3	1.2	0.1	100.0
		列（%）	41.0	8.8	4.8	0.8	32.3
	副高级	计数	817	173	63	2	1055
		行（%）	77.4	16.4	6.0	0.2	100.0
		列（%）	38.6	50.6	27.4	1.5	37.4
	正高级	计数	433	139	156	130	858
		行（%）	50.5	16.2	18.2	15.2	100.0
		列（%）	20.4	40.6	67.8	97.7	30.4
总计		计数	2119	342	230	133	2824
		行（%）	75.0	12.1	8.1	4.7	100.0
		列（%）	100.0	100.0	100.0	100.0	100.0

分层等级与分层变量的相关性见表 2-6。相关分析表明，分层等级与技术职称等级、管理职务、人才项目等级的相关性均比较高。其中，技术职称与两个分层等级的相关系数分别为 0.856、0.683；管理职务与两个分层等级的相关系数分别为 0.470、0.724；人才项目等级与两个分层等级的相关系数分别为 0.442 和 0.574。同时，技术职称等级、管理职务、人才项目等级 3 个分层变量之间的相关性也比较强，相关系数均在 0.30 以上，这表明科技人员社会分层的地位一致性程度相对较高。需要注意的是，管理职务与其他分层变量的相关性相对较低，而技术职称等级和人才项目等级的相关性相对较高。这意味着，管理职务晋升的内在逻辑与其他两个晋升路径有一定差别。

表 2-6　分层等级与分层变量的相关性

分类		技术职称等级	管理职务	人才项目等级	聚类（五等级）	聚类（参考科研成果）
技术职称等级	Pearson 相关性	1	0.332**	0.437**	0.856**	0.683**
	显著性（双尾）	—	0.000	0.000	0.000	0.000
	N	2823	2819	2822	2818	2818
管理职务	Pearson 相关性	0.332**	1	0.312**	0.470**	0.724**
	显著性（双尾）	0.000	—	0.000	0.000	0.000
	N	2819	2855	2852	2818	2818
人才项目等级	Pearson 相关性	0.437**	0.312**	1	0.442**	0.574**
	显著性（双尾）	0.000	0.000	—	0.000	0.000
	N	2822	2852	2856	2818	2818
聚类（五等级）	Pearson 相关性	0.856**	0.470**	0.442**	1	0.729**
	显著性（双尾）	0.000	0.000	0.000	—	0.000
	N	2818	2818	2818	2818	2818
聚类（参考科研成果）	Pearson 相关性	0.683**	0.724**	0.574**	0.729**	1
	显著性（双尾）	0.000	0.000	0.000	0.000	—
	N	2818	2818	2818	2818	2818

注：1. **在置信度（双测）为 0.01 时相关性显著。

2. 表中"—"表示双变量分析中对应的行变量、列变量为同一变量，下同。

中国科技人员社会分层研究

第三章

科技人员分层地位的影响因素

科技工作者社会分层的影响因素分析包括如下几个方面：哪些因素对科技工作者的社会分层产生影响？产生影响的不同因素的影响程度有何差别？上述因素通过何种方式对社会分层产生影响？影响社会分层的核心要素有哪些？科技工作者的社会分层是否主要由其自身努力决定？科尔兄弟《科学界的社会分层》为科学家的社会分层研究搭建了基本框架：以荣誉奖励、职业位置和知名度作为科学家的声望分层的标准，分析了年龄、论文数量、论文质量、专业、获得博士学位系的声望、目前所在系的级别等因素，并进一步探讨了性别、种族和宗教等因素对科学家的声望的影响（Cole and Cole，1973）。课题组借鉴了这一思路分析学术研究、产学研合作、任职组织特征等因素对技术职称等级、管理职务、人才项目等级及综合分层等级的复杂影响及其因果机制。

一、职称晋升的影响因素

科技人员的技术职称晋升需要在职称评定过程中综合考虑基本条件（遵守法律法规、师德师风、从业资格等）、学历和任职年限条件、评审条件（专业理论知识、工作经历、教学业绩、科研业绩、社会服务业绩）等。其中最为关键的是评审条件。评审条件通常会针对不同级别和序列的技术职称，规定学术论文、科研项目、科技奖项、技术专利、横向课题等业绩成果的数量与等级，不同评审序列中的业绩取向和侧重点各有差异，不同等级的单位中评审条件也存在显著的等级差异。表3-1的HST大学的职称评审条件就是典型的例子。2017年，中共中央办公厅、国务院办公厅印发《关于深化职称制度改革的意见》（简称《意见》），以服务发展、激励创新、遵循规律、科学评价、问题导向、分类推进、以用为本、创新机制为基本原则对科技人员的职称评定，尤其是评定标准提出了新的思路和要求。《意见》提出："合理设置职称评审中的论文和科研成果条件，不将论文作为评价应用型人才的限制性条件……探索以专利成果、项目报告、工作总结、工程方案、设计文件、教案、病历等成果形式替代论文要求；推行代表作制度，重点考察研究成果和创作作品质量，淡化论文数量要求。"

表3-1 2020年HST大学职称评审条件

		教育教学	学术论文	科研项目	产学研合作
教学型	正教授	年均课时不少于260学时；年度教学质量考评优秀3次	SCI、EI、SSCI、A、HCI期刊论文2篇	国家级教学工程项目主要完成人或主持完成省级教学工程项目1项	—
	副教授	年均课时不少于260学时；年度教学质量考评优秀2次	核心期刊2篇	省级以上教学工程项目主要完成人	—

续表

		教育教学	学术论文	科研项目	产学研合作
教研型	正教授	年均课时不少于160学时；年度教学质量考评优秀2次	SCI、EI、SSCI、A、HCI期刊论文6篇	主持完成1项国家级科研项目	获得国家发明专利授权2件，技术收入累计到账经费20万元以上
	副教授	年均课时不少于160学时；年度教学质量考评优秀1次	SCI、EI、SSCI、A、HCI期刊论文3篇	主持完成1项省部级项目且参与完成1项省部级项目	—
科研型	正教授	年均教学课时不少于80学时，研究生教学质量考评优秀1次以上	SCI、EI、SSCI、A、HCI期刊论文6篇（其中二区以上4篇）	主持完成国家自然科学基金面上以上项目1项	获得国家发明专利授权4件，技术收入累计到账经费40万元以上
	副教授	年均教学课时不少于80学时	SCI、EI、SSCI、A、HCI期刊论文4篇	主持承担国家级科研项目1项	获得国家发明专利授权2件，技术收入累计到账经费20万元以上

注：本表根据《HST大学教师（实验人员）中、高级专业技术职务任职资格申报、推荐和评审条件（试行）》整理而成。

很多学者认为中国科技人员的职称晋升是一种学术锦标赛（刘海洋、郭路、孔祥贞，2012；阎光才，2012；卢晓中、陈先哲，2014），甚至科技人员的入职聘用、学术业绩考核、职业晋升、薪酬发放等过程都带有一定的锦标赛制特征（阎光才，2012）。这种学术锦标赛过分强调科学产出的数量，引发了科研产出的质量危机、学术投机、重研轻教等问题。经验研究结果表明，科技人员的论文产出数量与质量，纵向科研项目尤其是国家级项目，专利、横向课题等产学研合作成果，机构等级、学科实力、学科类别等组织特征，性别、年龄、学历等因素都对职称晋升有潜在影响（Cole and Cole，1973；赵万里、付连峰，2013；Lutte and Schroder，2016；Kwiek，2019）。综合考量政策文件、管理实践和相关研究成果，我们着重从学术产出、产学研合作、机构特征3个方面分析科技人员职称晋升的影响因素。鉴于技术职称是典型的定序变量，我们利用定序因变量logistic回归模型，将论文数量、论文质量、项目数量、项目质量、机构等级、学科等级作为主要自变量，并将性别、年龄、学历学位、学科类别等因素作为控制变量纳入模型。技术职称等级的定序logistic回归模型见表3-2。论文数量、纵向课题数量、国家级课题、专利数量、奖项数量对科技人员的职称等级具有显著的积极影响，学校等级也对职称等级有一定影响，横向课题、学科等级对职称晋升没有显著影响，另外，年龄、性别、学位等控制变量有显著影响。

表3-2 技术职称等级的定序 logistic 回归模型

影响因素		估算(E)	标准误	Wald	df	显著性	95%的置信区间	
							下限	上限
Threshold	[y1=1]	8.205	0.374	480.096	1	0.000	7.471	8.939
	[y1=2]	11.297	0.417	735.722	1	0.000	10.481	12.114

续表

影响因素		估算(E)	标准误	Wald	df	显著性	95%的置信区间	
							下限	上限
位置	发表论文数量	0.043	0.003	157.551	1	0.000	0.036	0.050
	纵向课题数量	0.021	0.006	13.522	1	0.000	0.010	0.032
	主持国家级课题	1.661	0.113	217.418	1	0.000	1.441	1.882
	奖项数量	0.236	0.072	10.698	1	0.001	0.095	0.377
	专利数量	0.030	0.009	12.170	1	0.000	0.013	0.047
	横向课题数量	-0.007	0.014	0.265	1	0.607	-0.034	0.020
	双一流大学	-0.152	0.272	0.312	1	0.576	-0.686	0.382
	双一流学科	0.062	0.234	0.071	1	0.790	-0.396	0.520
	双非博士点院校	-0.432	0.200	4.651	1	0.031	-0.824	-0.039
	A类学科	0.131	0.313	0.176	1	0.675	-0.483	0.746
	B类学科	-0.381	0.233	2.656	1	0.103	-0.838	0.077
	C类学科	-0.260	0.203	1.635	1	0.201	-0.657	0.138
	四川省	-0.232	0.142	2.651	1	0.103	-0.511	0.047
	河南省	-0.375	0.148	6.415	1	0.011	-0.665	-0.085
	年龄	0.189	0.008	613.918	1	0.000	0.174	0.204
	男性	0.362	0.093	15.247	1	0.000	0.180	0.544
	博士	0.442	0.125	12.525	1	0.000	0.197	0.687

上述回归模型的具体结果及阐释如下：

（1）论文数量的回归系数为 0.043，显著性水平均小于 0.050，这表明论文数量对科技人员的技术职称具有显著的积极影响。学术论文对技术职称的积极影响是一个意料之中的结果，这是多种因素共同促成的。首先，论文数量和质量本身就是技术职称晋升的核心指标之一，而且相关标准随着技术职称等级的升高而提高。例如，HZD大学《中高级专业技术职务任职资格申报评审条件（试行）》（2019）对Z自然科学理科类、教学科研型高级职称的相关规定：副教授评审条件是"发表SCI收录论文6篇或发表SCI收录论文4篇（含二区以上论文2篇），或发表SCI收录论文2篇（均限二区及以上，含一区论文1篇），同时发表CN刊物教学研究论文或科普论文1篇"；正教授评审条件是"发表SCI收录论文8篇或发表SCI收录论文6篇（含二区以上论文3篇），或发表SCI收录论文4篇（均限二区及以上，含一区论文1篇），同时发表CN刊物教学研究论文或科普论文1篇"。其次，中国科技人员技术职称晋升制度具有明显的锦标赛特征，科研成果的相对位次而非绝对数量决定锦标赛是否取胜，职称晋升所需的科研成果不可能停留在满足资格条件的水平上，职称评定的参与者都有足够强的动力发表更多高质量的论文、申请更多高等级的课题等，以便提升自身所处的位次，学术论文数量正是晋升锦标赛的主要衡量指标之一。从职称评定实践来看，晋升锦标赛更多发生在学院评审环节而非学校评审环节，因为不同学院所处的学科环境差别较大、难以进行横向比较，学院内部及各系的学科属性更为接近、易于进行横向比较。当然，职称晋升锦标赛受到时间分配、学术资源、职业习惯等因素或机制的制约，不可能毫无限制地延伸下去。

（2）纵向课题数量的回归系数为0.021，国家级课题的回归系数为 1.661，显著性水平均低于 0.050，这表明纵向课题数量和等级都对职称等级具有重要影响。即纵向课题达到一定等级（如省级课题）的数量累积和纵向课题等级的突破（如国家级课题）都有助于科技人员的职称晋升。纵向课题的数量和质量对职称晋升具有显著的积极影响，其作用机制与论文数量类似。例如，作为省属重点院校的 HST 大学《教师（实验人员）中、高级专业技术职务任职资格申报、推荐和评审条件（试行）》（2019）规定，教学科研型正教授的科研项目条件是"主持完成 1 项国家级科研项目；或主持完成 2 项省部级科研项目；或主持承担的横向课题入校经费累计 160 万元以上且主持完成 1 项省部级科研项目……"。从这一规定可以看出，主持完成 2 项省部级项目即可达成科研项目方面的评审条件，国家级课题则并非必须具备但却相对更好的条件。实际上，除了层次较高、数量较少的双一流高校，其他多数院校恐怕都难以将国家级项目作为必需条件贯彻下去。

（3）省部级以上奖项数量的回归系数为 0.236，显著性水平低于 0.050，这表明省部级以上奖项数量对科技人员的职称等级具有显著影响。科技奖项也是科技人员学术成果的重要维度之一。科技奖项一般分为两类，一类是中央和地方政府设立的国家级科技奖、省部级科技奖、地厅级科技奖等，通常分为自然科学奖、科技进步奖、技术发明奖、最高科技奖或杰出贡献奖等序列；另一类是学会协会、社会团体等社会力量设立的科技奖项，其内部序列相对多元化。其中，国家科技奖、省部级科技奖的社会认可度高，被普遍用于科技人员、研发机构的学术评价、业绩考核及其他管理实践。科技奖项对科技人员的职称晋升发挥积极作用也是自然而然的。

（4）技术专利对职称等级具有显著影响，回归系数为 0.030，显著性水平为 0.000；横向课题的回归系数为 -0.007，显著性水平为 0.607，这表明横向课题对职称晋升没有显著影响。技术专利和横向课题作为产学研合作业绩的两个典型形式，目前都已被列入高校职称评定条件。例如，关于技术专利业绩，HST 大学教学科研型教授的资格条件是"获得国家发明专利授权 2 件（限第一发明人），同时为本校实现技术收入累计到账经费 20 万元以上"，科研开发型教授的资格条件是"获得国家发明专利授权 4 件（限第一发明人）以上，为本校实现技术收入累计到账经费 40 万元以上"。关于横向课题业绩，HST 大学教学科研型教授的资格条件是"或主持承担的横向课题入校经费累计 160 万元以上且主持完成 1 项省部级科研项目"，科研开发型教授的资格条件是"主持或主持完成横向科研项目 1 项以上（含军工横向科研项目），累计到账经费 300 万元以上，其中至少 1 项（累计到账经费 60 万元以上）通过学校和合作单位双方验收"。但是，为何二者对职称晋升的影响迥然不同？我们推断，横向课题尽管作为职称晋升条件之一，但是在科技人员群体中覆盖面相对较低，且用于职称晋升的时候有比较高的门槛，因此难以对科技人员的职称晋升产生显著影响。

（5）学校和学科等组织特征对科技人员的职称等级影响较小。以普通院校为基准组，双一流大学、双一流学科科技人员的职称等级没有显著差异，双非博士点院校科技人员的职称等级略低于基准组，但仅在 0.050 的水平上具有显著性。以 D 类学科为基准组，A 类学科、B 类学科、C 类学科科技人员的职称等级与基准组没有显著差异。机构等级和学科实力对职称晋升具有双重影响：一方面，机构等级越高、学科实力越强，学术资源、科研氛围和良性互动等作用机制的综合效应越明显，身处其中的科技人员在学术论文、科研项目等方面的表现就越突出，越容易达成职称晋升的资格条件；另一方面，机构等级越高、学科实力越强往往意味着后备人选越多、内部竞争越激烈、业绩考核压力越大、职称晋升竞争越激烈，在名额有限的条件下需要付出更大的努力、获取更多优秀业绩成果才能够实现职称晋升，或者说同等业绩条件的科技人员在高级别的学科或机构中更难以实现职称晋升。简言之，组织等级特征对职称等级既有积极影响也有消极影响，两种效应的对冲弱化了组织等级特征对科技人员的职称等级的影响。

二、管理职务晋升的影响因素

表 3-3 的回归模型表明，论文数量、纵向课题数量、主持

国家级课题、奖项数量、专利数量等学术研究与产学研成果都对科技人员的管理职务具有显著的积极影响,但是横向课题都对管理职务晋升没有显著影响,学校等级和学科等级两个组织特征的影响差异悬殊,另外,年龄、性别、学位等控制变量也有显著影响。

表 3-3 管理职务的二分类 logistic 回归模型

	影响因素	B	S. E.	Wald	自由度	显著性	Exp（B）
位置	发表论文数量	0.009	0.002	22.843	1	0.000	1.009
	纵向课题数量	0.014	0.005	6.209	1	0.013	1.014
	主持国家级课题	0.722	0.154	21.965	1	0.000	2.059
	奖项数量	0.220	0.052	17.590	1	0.000	1.246
	专利数量	0.022	0.007	9.413	1	0.002	1.022
	横向课题数量	-0.010	0.013	0.632	1	0.426	0.990
	双一流大学	0.640	0.388	2.727	1	0.099	1.897
	双一流学科	0.822	0.322	6.491	1	0.011	2.274
	双非博士点院校	0.478	0.255	3.507	1	0.061	1.613
	A 类学科	-2.515	0.439	32.886	1	0.000	0.081
	B 类学科	-1.626	0.333	23.787	1	0.000	0.197
	C 类学科	-1.560	0.283	30.327	1	0.000	0.210
	四川省	0.990	0.208	22.629	1	0.000	2.690
	河南省	-0.275	0.237	1.341	1	0.247	0.760
	年龄	0.077	0.009	78.778	1	0.000	1.080
	男性	0.477	0.141	11.391	1	0.001	1.611
	博士	0.510	0.185	7.603	1	0.006	1.665
	常量	-6.647	0.498	178.226	1	0.000	0.001

上述回归模型的具体结果及阐释如下:

（1）论文、纵向课题等学术研究成果对科技人员的管理职务晋升具有显著影响。论文数量的回归系数是 0.009，显著性水平为 0.000，表明论文数量对管理职务晋升具有积极影响；纵向课题数量的回归系数是 0.014，显著性水平是 0.013，表明纵向课题数量对管理职务晋升具有显著的积极影响；国家级课题的回归系数是 0.722，显著性水平是 0.000。论文数量、纵向课题数量、主持国家级课题等学术研究变量对管理职务的显著影响，支持了"研而优则仕"的说法。学术研究能力较强的科技人员担任管理职务，在某种程度上是一种科技人员和组织机构"双赢"的选择。一方面，科技人员能够利用管理职务带来的科研资源和关系资源进一步提升自身科研产出；另一方面，组织机构也能够利用科技人员的研究能力、学术视野和组织能力提升内部科研氛围、推进科研协同攻关、加强学科团队建设等。当然，行政管理事务所带来的时间付出和精力消耗也是当前"双肩挑"科技人员的沉重负担。

（2）产学研合作成果对科技人员管理职务的影响存在差异。技术专利的回归系数是 0.022，显著性水平是 0.002，表明技术专利对管理职务晋升具有显著影响；横向课题的回归系数是 -0.010，显著性水平是 0.426，表明横向课题对管理职务晋升没有显著影响。技术专利对管理职务的积极影响主要源于技术专利与学术研究成果的亲和性。相比之下，横向课题与学术研究成果的关系略显疏远，覆盖面和影响力也有所不及。

（3）组织层次的两个变量对科技人员管理职务的影响存在明显差别。以普通院校为基准组，仅有双一流学科院校在0.050的显著性水平上高于基准组，双一流大学、双非博士点院校则与基准组并无显著差异。相比之下，学科等级与管理职务存在明显的消极关系。以D类学科为基准组，A类学科、B类学科、C类学科的回归系数分别为−2.515、−1.626、−1.560，显著性水平均为0，这表明科技人员所在学科等级越高越不可能担任管理职务。原因可能有两个方面：第一，学科等级越高则拥有的科研资源越丰富、科研任务越繁重，在拥有足够的科研资源支持科研活动且科研时间非常紧张的情况下，科技人员不需要借助管理职务来获得科研资源，也不愿意牺牲科研时间来处理行政管理事务。第二，既定的行政等级通常限制了相应的管理人员数量，在行政等级相同的前提下学科等级越高往往意味着人员数量越庞大，较大的人员数量无形中稀释了行政管理者所占的比例。

尽管影响因素有些相似，但管理职务晋升与技术职称晋升的逻辑并不一致。技术职称晋升主要考虑科研业绩，不管是政策文件还是经验证据皆如此；但是，管理职务晋升虽然在一定程度上考虑科研业绩，但并未将其作为首要参考依据。一般来说，高校、科研院所等机构倾向于以"德才兼备"为标准选任行政干部，"研而优则仕"也是中国科学界的普遍情况，但是领导干部的首要条件是政治素质、领导能力，而不是科研表现。

例如，四川 SCD 大学《中层领导班子和领导人员换届调整实施意见（2017）》的干部选任指导思想是"德才兼备、以德为先"。其中提出以下基本原则："①突出政治素质，注重选拔政治好、业务精、责任心强、公道正派、敢于担当、有高尚道德情操和人格魅力的，想干事、能干事、干成事的人进入学校中层领导班子。②注重从教学、科研、管理一线选拔优秀干部，鼓励德才兼备的中青年学术骨干，特别是院士、杰出教授……主动申报中层领导岗位，承担管理工作。"另外，从个人职业发展策略的角度来说，科技人员是一个"可选项"，而非"必选项"，担任行政职务可能通过扩展社会网络、增加科研资源、提升论文产出等机制助力学术职业发展，但也可能因耗费时间和精力而妨碍学术表现乃至学术职业发展。因此，有相当一部分科技人员并未选择担任行政管理职务。

三、人才选拔的影响因素

表 3-4 的回归模型表明，论文数量、主持国家级课题、奖项数量、专利数量对科技人员的人才项目等级具有显著的积极影响，但是纵向课题数量、横向课题数量对人才选拔没有显著影响，学校等级和学科等级也对人才项目等级具有一定的影响。

表 3-4　人才项目等级的 logistic 回归模型

影响因素		估算(E)	标准误	Wald	df	显著性	95%的置信区间	
							下限	上限
Threshold	[y3=1.00]	4.907	0.377	169.033	1	0.000	4.167	5.646
	[y3=2.00]	5.980	0.385	241.526	1	0.000	5.226	6.734
	[y3=3.00]	7.441	0.399	347.597	1	0.000	6.659	8.224
位置	发表论文数量	0.012	0.002	56.266	1	0.000	0.009	0.015
	纵向课题数量	0.004	0.005	0.590	1	0.443	-0.007	0.015
	主持国家级课题	0.834	0.114	53.180	1	0.000	0.610	1.059
	奖项数量	0.208	0.039	27.827	1	0.000	0.131	0.285
	专利数量	0.019	0.006	11.244	1	0.001	0.008	0.030
	横向课题数量	-0.018	0.011	2.995	1	0.084	-0.039	0.002
	双一流大学	-0.481	0.316	2.315	1	0.128	-1.101	0.139
	双一流学科	-0.753	0.302	6.242	1	0.012	-1.344	-0.162
	双非博士点院校	-0.638	0.254	6.297	1	0.012	-1.137	-0.140
	A类学科	0.909	0.337	7.292	1	0.007	0.249	1.568
	B类学科	0.365	0.283	1.662	1	0.197	-0.190	0.920
	C类学科	0.843	0.266	10.036	1	0.002	0.321	1.364
	四川省	0.903	0.162	30.965	1	0.000	0.585	1.221
	河南省	1.304	0.173	57.004	1	0.000	0.965	1.642
	年龄	0.039	0.007	34.966	1	0.000	0.026	0.052
	男性	0.220	0.105	4.415	1	0.036	0.015	0.425
	博士	0.373	0.154	5.892	1	0.015	0.072	0.674

上述回归模型的具体结果及阐释如下：

（1）论文产出、科研项目和科技奖项对人才选拔具有重要影响，质量维度的影响尤为重要。其中，发表论文数量、主持国家级课题、奖项数量对人才选拔的回归系数分别是 0.012、

0.834、0.208，显著性水平均为 0.000。论文产出、科研项目和科技奖项对人才选拔的积极效应不仅符合人才选拔计划的初衷和指向，而且与相应管理文件的指导思想和具体条件保持一致。例如，《关于天津市"131"创新型人才培养工程的实施意见（2011—2020年）》规定："具有扎实系统的专业理论基础，专业工作经验丰富，能够解决科研或生产中重大的、关键性的技术问题，在同行中具有一定的知名度……在国际、国内重要学术刊物上发表过论文……在理论研究和技术创新等方面取得重要成果，并得到同行专家认可……"与技术职称存在明显区别的是，人才项目更重视纵向课题的质量或等级，尤其是主持国家级课题的经历，相比之下，纵向课题的数量累积并不是那么重要。

（2）产学研合作对科技人员的人才选拔有一定影响，但局限于技术专利。技术专利的回归系数为0.019，显著性水平为0.001；横向课题数量的回归系数为-0.018，显著性水平为0.084。一般来说，相关人才选拔都会将产学研合作或社会服务的业绩条件列入其中。例如，《天津市"131"创新型人才培养工程的实施意见（2011—2020年）》的相关条件包括："作为工业重大项目、服务业重大项目、区县重大项目、自主创新产业化重大项目、重大市政交通项目的主要参与者，完成产品开发、工艺改进、技术改造，为提升科技创新能力作出较大贡献；主持的科研成果具有较高的实用价值，在成果转化或推进社会发展方面取得比较明显的经济社会效益；拥有自主知识产权和发明专利……"本研究中产学研合作对科技人员入选人才计划没有显著影响,原因可能是多方面的:第一,本研究所调查的科技人员主要限于高等院校,高等院校虽然有教育教学、科学研究、产学研合作或社会服务等多项职能,但其最核心的职能定位是教育教学和科学研究。中共中央、国务院在2012年9月印发的《关于深化科技体制改革加快国家创新体系建设的意见》中提出,"科研院所和高等学校要更多地为企业技术创新提供支持和服务""加快建立企业为主体、市场为导向、产学研用紧密结合的技术创新体系"。第二,科研项目、学术论文等业绩有相对稳定和完善的等级体系,便于进行测量和比较,但是横向课题、技术专利、商业咨询等产学研合作业绩上缺乏这样的等级体系,而且它们与科研项目、学术论文之间的换算关系或权重关系也难以精确衡量。

(3)组织特征对科技人员的人才项目等级具有显著影响,但是学校等级和学科等级两个变量的影响力和影响方向均有所不同。以普通院校为基准组,双一流大学、双一流学科、双非博士点院校的回归系数分别为-0.481、-0.753、-0.638,显著性水平分别为0.128、0.012、0.012,这表明,除了双一流大学,学校层次对人才项目等级有一定的消极影响,尽管这种消极影响的力度较弱,仅在0.050的水平上具有显著性。以D类学科为基准组,A类学科、B类学科、C类学科的回归系数分别为0.909、0.365、0.843,显著性水平分别为0.007、0.197、0.002,

这说明学科等级对人才项目等级有更强的积极影响。从这个结果来看,对于培育科研拔尖人才来说,学科的影响力要高于高校。

四、综合分层等级的影响因素

表 3-5 的回归模型表明,论文数量、纵向课题数量、主持国家级课题、专利数量对科技人员的综合分层等级具有重要影响,奖项数量、横向课题数量也有一定的积极影响,但影响力较弱,学科等级对分层等级具有一定的消极影响,学校等级对分层等级没有显著影响。

表 3-5 综合分层等级的 logistic 回归模型

	影响因素	估算(E)	标准误	Wald	df	显著性	95%的置信区间	
							下限	上限
Threshold	[TSC_5974=1]	5.435	0.287	358.337	1	0.000	4.872	5.998
	[TSC_5974=2]	7.066	0.300	552.949	1	0.000	6.477	7.655
	[TSC_5974=3]	8.063	0.310	678.315	1	0.000	7.456	8.670
	[TSC_5974=4]	9.189	0.321	822.001	1	0.000	8.561	9.818
位置	发表论文数量	0.008	0.002	20.322	1	0.000	0.005	0.012
	纵向课题数量	0.015	0.005	10.443	1	0.001	0.006	0.024
	主持国家级课题	1.309	0.093	197.561	1	0.000	1.126	1.491
	奖项数量	0.096	0.042	5.229	1	0.022	0.014	0.178
	专利数量	0.023	0.006	15.683	1	0.000	0.012	0.035
	横向课题数量	0.027	0.011	6.556	1	0.010	0.006	0.047
	双一流大学	0.095	0.229	0.171	1	0.679	-0.354	0.543
	双一流学科	0.079	0.198	0.160	1	0.689	-0.309	0.467

续表

	影响因素	估算(E)	标准误	Wald	df	显著性	95%的置信区间	
							下限	上限
位置	双非博士点院校	-0.177	0.170	1.085	1	0.298	-0.509	0.156
	A 类学科	-0.108	0.256	0.177	1	0.674	-0.611	0.395
	B 类学科	-0.536	0.196	7.462	1	0.006	-0.920	-0.151
	C 类学科	-0.414	0.173	5.748	1	0.017	-0.753	-0.076
	四川省	-0.074	0.118	0.398	1	0.528	-0.305	0.156
	河南省	-0.502	0.125	16.084	1	0.000	-0.747	-0.257
	年龄	0.131	0.006	522.880	1	0.000	0.120	0.143
	男性	0.442	0.079	31.248	1	0.000	0.287	0.597
	博士	0.571	0.106	28.807	1	0.000	0.363	0.780

上述回归模型的具体结果及阐释如下：

（1）学术论文、纵向课题、科技奖项等学术研究成果对科技人员的综合分层等级具有显著的积极影响。发表论文数量、纵向课题数量、主持国家级课题的回归系数分别是 0.008、0.015、1.309，显著性水平均低于 0.001。其中，学术论文对综合分层等级的积极影响符合科学建制本身的基本宗旨。学术论文是知识创新或科学贡献的集中体现。自从学术期刊体系建立以来，除了直接涉及经济利益或军事利益、具有保密需要的科研成果，科技领域中重大的新发现、新思想几乎都是以学术论文的形式发表，"发表或死亡"已经成为国际科学界的箴言。从科技奖励系统来看，科学分层地位是科学建制对从业人员知识贡献的奖励；从经验研究成果来看，所有的科学分层研究都认可学术论文数量与质量对分层等级的影响。科研项目对分层地位的影响是多维度的：第一，科研项目是研究主题、科研经费、科研团队的统一体，既指明了科技研发的方向，也给出了开展科学研究、创造科研成果所需的人力、物力资源。第二，科研项目本身也可以作为研究成果来看待，也可以和论文一样被视为独创性的知识贡献。第三，科研项目具有国家级、省部级、地厅级等鲜明的等级差别，获得和完成高级别的科研项目（如国家自然科学基金项目、杰出青年科学基金项目等）是科技人员研究能力和业内声望的象征，具有浓重的声誉内涵。第四，科技奖项是科学承认的典型形式，政府科技奖在中国科学界有最高的认可度和影响力，其对科学分层等级的积极影响也是应有之义。

（2）产学研合作对综合分层等级具有显著的积极影响。技术专利数量的回归系数是 0.023，显著性水平是 0.000；横向课题数量的回归系数是 0.027，显著性水平是 0.010。产学研合作成果处于科学界与市场之间，在理论认识上由于具有鲜明的经济逻辑而无法像科研项目、学术论文那样完全纳入科学界的评价体系；在管理实践中，由于缺乏统一的、明确的、易操作的评价体系而难以获得相关机构的认可。尽管面临理论认识和管理实践上的困难，而且产学研合作对前文所述的部分分层维度没有显著影响，但产学研合作对综合分层等级具有积极影响无疑是一个可喜的趋势。但是，我们还是应该谨慎对待产学研合作对科学分层的影响，尤其需要深入思考以下问题：产学研合作是作为学术研究的衍生品产生影响，还是作为独立的力量发挥作用？

（3）学校等级对科技人员的分层地位没有显著影响，但学科等级对科技人员的分层地位具有一定的消极影响。以普通院校为基准组，双一流大学、双一流学科、双非博士点院校的回归系数分别为 0.095、0.079、-0.177，显著性水平均高于 0.050，这表明各层级的高校科技人员之间并无分层地位差异。以 D 类学科为基准组，A 类学科、B 类学科、C 类学科的回归系数分别为-0.108、-0.536、-0.414，其中 A 类学科与基准组没有显著差异，但 B 类学科、C 类学科明显低于基准组，基本趋势是在给定其他变量的情况下，科技人员所属学科等级越高则其分层地位越低，尽管 A 类学科是个例外。这种情况表明，在等级较高的学校和学科，一定程度上存在着人员规模较大、内部竞争激烈、晋升名额有限等条件催生的人才积压或晋升渠道阻滞问题。

中国科技人员社会分层研究

第四章

制度变迁、结构调整与科技人员的策略选择

科技人员既面临着绩效工资、业绩考核等制度性推力，也面临着人才争夺及相应科研与物质待遇飞涨等结构性吸力。为了做出高质量科研成果、实现自身职业晋升和科学分层地位提升，科技人员采取了加大时间投入、偏重科学研究、寻求团队助力等实践策略。

一、制度性推力：绩效工资、业绩考核及其他

绩效工资是以个人、团队和组织的绩效考核为基础，薪酬给付与工作业绩相挂钩的工资制度。绩效工资制度起初在经济管理领域被广泛实施，而后逐渐向外辐射至公共管理、科学研究等领域。2006年，党中央、国务院批准实施《事业单位工作人员收入分配制度改革实施办法》（国人部发〔2006〕59号），明确规定事业单位的工资结构由岗位工资、薪级工资、绩效工资和津贴补贴构成。高等院校、科研院所、医疗卫生机构等单位随之开始推行绩效工资制度。

绩效工资与科研活动的结合存在激烈的争议和深刻的矛盾。一方面，绩效工资制度与科学技术的职业化、市场化趋势的确

具有内在的契合性。进入大科学时代以来,科学技术成为关键的社会部门,从业人员群体越发庞大复杂,科技职业已经成为从业人员的一门"生计",物质报酬已经成为从事科学研究的重要动机之一。产学研合作的理论探索与实践发展也在推动物质利益和经济逻辑深入渗透科学界。后学院科学、知识生产新模式、学术资本主义、三重螺旋等理论范式都将市场化作为重要甚至核心的内涵与方向;美国的《拜杜法案》(1980年)、日本的《产业活力再生特别措施法》(1999年)、中国的《中华人民共和国科技进步法》(2007年修改版)也都是运用专利所有权及其商业收益来激励技术专利的研发与转化的。另一方面,科研活动、科技人员和科学技术的独特性及科研激励的传统路径都与物质激励和绩效薪酬存在龃龉抵牾。科研活动具有成果首创性、产出不确定性、行为不可观察性等特征,这些特征决定了其复杂性远超过一般的社会生产活动(陈志俊、张昕竹,2004)。科技人员通常被认为具有更高的内在激励与非物质性动机,科学共同体的文化逻辑与制度传统亦强调对科技人员的声望激励,甚至科技人员的产学研合作行为亦不乏声望动机(Baldini,Grimaldi and Sobrero,2007;Goktepe-Hulten and Mahagaonkar,2010)。目前,中国科研领域的绩效工资制度在设计、分配、效果等环节存在诸多缺陷,这些缺陷加深了关于绩效工资能否提升科研产出的疑问。当前,绩效工资制度存在项目构成不规范、分配依据欠科学透明、制度有效激励不足、考核体系不完善等问题（张海峰，2015），而且以科研经费和论文数量多寡决定工资额度，诱发和助长功利导向、偏差行为甚至造成激励扭曲（赵兰香，2007；李容，2012；赵书松、廖建桥，2013；张义芳，2018）。

从课题调研所得的案例资料来看，当前绩效工资制度的核心导向是重研究、轻教学，这种导向不仅存在于绩效工资制度的细节中，更存在于绩效管理实践的过程中。从制度细节设计来看，绩效工资改革的基本导向是运用绩效分值权重的差异化设计来强调科研成果，尤其是高层次成果。第一，科学研究的绩效价值远高于教育教学，通过高层次奖励所得的绩效工资更是教育教学难以企及的。例如，2017年，HST大学某学院教学科研人员的教学工作量均值为549.8课时，中位数为494.0课时，按照讲师的职称系数1.2来计算，相应的教学绩效工资分别为19740.0元和17736.6元；同期每篇CSSCI论文对应的科研绩效工资为18046.5元，每项资助额度为20万元的国家社科基金一般项目对应的高层次奖励为9万元。也就是说，一篇CSSCI论文的绩效价值几乎等同于全年教学工作，一项国家社科基金项目的绩效价值则是全年教学工作的5倍左右。第二，高档次科研成果的绩效价值远高于低档次科研成果，奖励额度随着成果档次的提升而呈现边际效应递增趋势。学术论文的绩效价值一般主要考虑期刊等级，科研项目的绩效价值计算需要考虑项目等级、入校经费和奖励比例。例如，依据HST大学绩效工资改革文件,自然科学类论文的档次从高到低依次是顶级杂志(Science、Nature 等)、SCI 一区、SCI 二区、SCI 三区、中文核心期刊,相应的绩效价值分别是 50 万元、7 万元、4 万元、2.5 万元、0.1 万分;自然科学类的国家级、省部级和地厅级项目分别按照"入校经费×15%""入校经费×8%""入校经费×7%"的计算方式进行奖励(国家级项目的单位是万元,其他项目的单位是万分),而且仅有省部级以上项目的结项享有额外奖励。HST 大学绩效工资改革案例资料见表 4-1。

表 4-1　HST 大学绩效工资改革案例资料

改革事项	具体内容
基本原则	以岗定薪、责薪一致、按劳分配、优劳优酬、统筹兼顾、保障公平、两级管理、规范分配
绩效津贴划分	(1) 保障性绩效津贴是完成工作职责前提下的基本收入保障,以学院为单位进行核算。保障性绩效工资包括在岗津贴、保障性教学津贴、保障性管理津贴、管理补贴等。 (2) 竞争性绩效津贴是对教学、科研、管理和服务业绩的弹性报酬,以学院为单位进行核算。竞争性绩效津贴包括竞争性科研津贴、竞争性教学津贴、竞争性管理津贴、学业导师和课外素质教育专项津贴等。 (3) 激励性绩效津贴是对高层次教学科研业绩的奖励,以学校为单位根据实际完成情况发放,同时折算一定分值计入学院层次的竞争性绩效。激励性绩效津贴包括高层次教学与科研成果的奖励
实际核算公式	绩效工资总量=在岗津贴+教学工作量×职称系数×(保障性教学津贴单价+竞争性教学津贴单价)+学业导师与课外素质教育专项津贴+保障性管理津贴+竞争性管理津贴+管理补贴+竞争性科研津贴+激励性绩效津贴。示例如下: 151563.74=30000.00+297.72×1.46×(20.92+9.00)+956.02+0+0+1800.00+20302.36+85500.00

续表

改革事项	具体内容
科研成果条文	（1）自然科学类论文的档次从高到低依次是顶级杂志（*Science*、*Nature*等）、SCI一区、SCI二区、SCI三区、中文核心期刊，相应的绩效价值分别是50万元、7万元、4万元、2.5万元、0.1万分。 （2）社会科学类论文的档次从高到低依次是《中国社会科学》、一级学科顶尖期刊、重要期刊、CSSCI期刊、中文核心期刊，相应的绩效价值分别是10万元、3万元、2万元、1.2万分、0.1万分。 （3）自然科学类的国家级、省部级和地厅级项目分别按照"入校经费×15%""入校经费×8%""入校经费×7%"的计算方式进行奖励。国家级项目的单位是万元，其他项目的单位是万分。 （4）社会科学类的国家级、省部级和地厅级项目分别按照"入校经费×45%""入校经费×15%""入校经费×10%"的计算方式进行奖励。国家级项目的单位是万元，其他项目的单位是万分
教学成果	（1）理论课人时数=计划学时×当量人数×课程类别系数；实验课人时数A=实验学时×学生人数×课程类别系数。 （2）教学成果奖：国家级教学成果特等奖、一等奖、二等奖每项分别奖励240万元、120万元、60万元，省部级特等奖、一等奖、二等奖分别是30万元、10万分、2万分；教育科学规划优秀成果：全国一等奖、全国二等奖、全国三等奖、河南省一等奖分别是2万分、1.5万分、1万分、1万分；教育改革研究项目：省部级重点项目、一般项目分别是"入校经费数×20%""入校经费数×15%"；本科教学工程（特色专业、专业综合改革试点、精品课程、精品资源共享课、精品视频公开课、精品在线开放课程、双语教学示范课程、卓越人才培养项目、人才培养模式创新实验区、实验教学示范中心、虚拟仿真实验教学中心、教学团队、教学名师等）国家级奖励15万~30万元不等，省部级奖励5万~10万分不等
产学研合作成果	（1）颁布标准：国际标准每项奖励30万元，国家标准每项奖励10万元，行业标准奖励4万分。 （2）新品种：获国审作物新品种、林木新品种、畜禽新品种、国家级新药证书每项奖励8万元，获国家级新兽药证书每项奖励5万元，获省审作物新品种、林木新品种、畜禽新品种每项计3万分。 （3）技术专利：发明专利、转让专利分别奖励1.5万分。 （4）横向项目：按"入校经费数×10%"计分

注：绩效工资改革中对高层成果的奖励直接用金额来计算，而对普通成果的奖励通常转化为积分后进一步核算为金额，因此，文件中存在"万元"与"万分"的差别。

科技人员的业绩考核分为年度考核和科研业绩考核两类。从课题调研情况来看，除了少数知名高校，现有的年度考核和科研业绩考核基本都流于形式，显得非常"人性化"。《HST大学教职工年度考核暂行办法（2017）》规定："年度考核要以聘用合同和岗位职责为基本依据，以工作实绩为重点内容，以服务对象满意度和平时考核为基础，内容包括德、能、勤、绩、廉五个方面。"年度考核一般需要科技人员汇报所参与的课题、教学等专业技术工作，论文、著作、技术发明等专业技术成果，并对该年度的总体情况、现有问题和未来发展进行个人总结。年度考核的实施责任归于下属学院，一般是在系或专业内部通过汇报和评比分出优秀、合格、基本合格、不合格4个等级，然后上报学院并进行公示。在年度考核具体实践中，绝大多数人的考核结果为优秀、合格两个档次，仅有极少数人的考核结果是基本合格或不合格。例如，2017年HST大学教学学院、管理后勤等部门年度考核中优秀档次632人，基本合格3人，不合格2人，未参加考核12人，其余为合格；2015年度考核结果中优秀等次527人，合格等次2631人，基本合格7人，不合格1人，未参加考核10人。因此，年度考核的标准和结果都是极为宽松的。在科研业绩考核方面，HST大学下属学院制定的《专技人员保障性绩效津贴教学和科研条件》《科研业绩计分办法》对于科技人员的考核任务量仅有下限约束。科研业绩考核以3年为一个周期，考核期内教授（2~4级）的科研条件是26~30

分，副教授（5~7 级）的科研条件是 18~22 分，讲师（8~10 级）的科研条件是 11~15 分；CSSCI 论文、中文核心论文、一般 C 论文的分值分别是 20 分/篇、8 分/篇、2 分/篇，省社科规划一般项目、地厅级社科项目分别为 20 分/项、6 分/项。由于年限较长、标准较低，大多数人达成考核任务的下限相对容易，即便没有高级别成果也可以通过低级别成果的数量累积来实现。HST 大学业绩考核文件资料见表 4-2。

表 4-2　HST 大学业绩考核文件资料

等级	标准
优秀	拥护党和国家的路线、方针、政策，遵纪守法，具有高度的事业心和责任感，组织纪律性强，热爱集体，关心他人，敬业爱岗，模范履行岗位职责，在工作中开拓创新，业绩突出。 考核期内有下列情况之一者，年度考核不得评为优秀：①经查实，有违反四项基本原则言行。②事假累计 8 天（含）以上者，或病假累计 22 天（含）以上者。③发生一般以上（含）教学事故者或造成其他事故，使学校蒙受损失的责任人和直接主管领导。④无故未按时完成科研课题或其行为给学校声誉造成影响者。⑤教学水平和效果达不到良好以上者。⑥无故不参加集体或公益活动 3 次（含）以上者
合格	拥护党和国家的路线、方针、政策，遵纪守法，遵守职业道德，工作负责，业务熟练，能履行岗位职责，完成工作任务，无责任事故
基本合格	不能很好地遵守学校的规章制度；敬业精神不强；能完成工作任务，但质量一般；出现轻微错误或事故，但能知错改正。 考核期内有下列情况之一者可定为基本合格：①因失职出现事故，但损失不大者，或发生两次一般教学事故者。②未经学校批准私自在外承担科研项目、私自承担校外讲课任务或从事经营活动等，严重影响本职工作，但经教育有改正表现者。③不服从工作安排或不承担工作任务，但经教育有改正表现者。④事假累计达到 31 天（含）以上 45 天（含）以下者，或病假累计达到 61 天（含）以上 90 天（含）以下者。⑤无故不参加集体或公益活动 5 次（含）以上者

续表

等级	标准
不合格	违法乱纪；不遵守职业道德，业务素质差，工作责任心不强；不履行岗位职责，未完成工作任务；工作中出现严重失误或责任事故；给学校声誉造成恶劣影响。考核期内有下列情况之一者定为不合格：①经查实，有违反意识形态的言行且经教育仍不改正者。②因失职出现重大事故，造成损失较大者。③未经学校批准私自在外承担科研项目、私自承担校外讲课任务或从事经营活动等，严重影响校内本职工作，经教育仍不改正者。④不服从工作安排，不承担工作任务，经教育仍不改正者。⑤受行政拘留、刑事拘留、司法拘留或刑事处罚者。⑥事假累计达到 46 天（含）以上者。⑦实行坐班制人员在工作时间从事与本岗位无关的活动，经教育仍不改正者。⑧其他违反学校纪律或规定，经教育仍不改正者

资料来源：河南科技大学于 2017 年 1 月 7 日发布的《关于印发〈河南科技大学教职工年度考核暂行办法〉的通知》（河科大人〔2017〕5 号）。

绩效工资和业绩考核是科技人员开展教育教学、科学研究和产学研合作的制度性推力。科技人员的教育教学、科学研究等业绩成果必须达到相关文件规定的数量和质量两个方面的底线标准。但是，数量维度和质量维度的要求并不相同：数量维度的要求是硬性的、明确的，但往往大多数人比较容易达成；质量维度的要求是软性的、倡导式的，但往往仅有少数人能够达到相对较高的质量标准。尽管绩效工资能否从整体上提升科技人员的成果数量与质量尚有待进一步研究，但是绩效工资无疑给一小部分科研能力突出的科研人员提供了增加个人收入、改善物质生活的希望和可能性。

二、结构性吸力：人才争夺战与学术劳动力市场分割

2015 年 10 月，国务院印发《统筹推进世界一流大学和一流

学科建设总体方案》，要求按照"四个全面"战略布局和党中央、国务院决策部署，坚持"以一流为目标、以学科为基础、以绩效为杠杆、以改革为动力"的基本原则，推动一批高水平大学和学科进入世界一流行列或前列，加快高等教育治理体系和治理能力现代化。2017年1月，教育部、财政部、国家发展改革委联合印发了《统筹推进世界一流大学和一流学科建设实施办法（暂行）》，对双一流大学和学科建设的遴选条件、遴选程序、支持方式、动态管理、组织实施等做出了具体规定。与以往的"985"工程、"211"工程高校名单固定、缺乏竞争的重要区别是，"双一流"建设采取"总量控制、开放竞争、动态调整"思路，强调"以中国特色学科评价为主要依据、参考国际相关评价因素"。人才队伍是学科建设、科研创新的基础，"双一流"建设的竞争机制无疑为中国科技人员的职业流动和高等院校的人才争夺注入了强劲的动力，相应的人才引进举措也明显呼应"双一流"建设的要求。例如，郭柏林、鲁世林（2019）发现，高校人才引进中具有优待人才称号、注重荣誉和科研能力、重视海归背景、偏向高学历、引才成本逐渐提高及旨在为实现"双一流"建设目标服务等共性特征。

与此同时，地区和城市之间的人才争夺战愈演愈烈，许多重点城市给出了降低落户门槛、发放租房购房补贴、提供高端人才津贴、加强创业创新资助等政策利好，专业技术人员成为人才争夺的重点群体。例如，《北京市引进人才管理办法（试行)》(2018年)根据"四个中心"战略定位和城市总体规划,重点招揽科技创新人才、教育人才、医疗人才、金融人才、文化创意人才、体育人才、高技能人才及其他紧缺急需人才。东部地区在地理区位、经济发展、科教水平、创新文化等方面处于全方位的优势地位,尤其是拥有相对雄厚的财政实力,因而在人才争夺战中占据先机。近几年,东部高校对中西部高校的"挖人大战"造成中西部高校优秀人才流失严重,甚至有"兰州大学流失的人才可再建一个兰州大学"的说法。前教育部部长陈宝生公开呼吁东部高校对中西部高校"手下留情",教育部也专门发布《教育部办公厅关于坚持正确导向促进高校高层次人才合理有序流动的通知》(教人厅〔2017〕1号),要求"高校之间不得片面依赖高薪酬高待遇竞价抢挖人才""不鼓励东部高校从中西部、东北地区高校引进人才"。许多学者对人才争夺、流动失序及高层次人才商品化、学术生态破坏、功利主义办学等消极影响忧心忡忡(郭书剑、王建华,2017;刘强、赵祥辉,2019;张曦琳、田贤鹏,2020)。

高校之间、城市之间的人才争夺战强力推动了高端学术劳动力和普通学术劳动力的市场分割,大幅度提高了高层次人才的物质待遇,为科技人员的职业发展提供了强大的吸引力。换句话说,成长为高层次人才或创造出高层次成果不仅能够进一步获得优良的科研平台、高级别的职业岗位、丰厚的科研经费等,而且能够获得高额薪酬、安家费/住房补助、配偶就业安置、子女入学等优厚的物质待遇，可谓名利双收。以个人收入为例，《中国统计年鉴（2020）》数据显示，科学研究和技术服务、教育、卫生3个典型科技职业的平均工资分别为133459元、97681元、108903元，同一时期，许多高校吸引高层次人才的薪酬动辄30万~50万元/年，甚至更高，相差数倍的薪资待遇无疑是极具诱惑力的。山东大学人才招聘岗位、条件与待遇见表4-3。

表4-3　山东大学人才招聘岗位、条件与待遇

招聘岗位	条件	待遇及支持条件
顶尖人才	院士、长江学者、杰青及具备相应水平的顶尖人才	一事一议
高层次青年人才	（1）青年长江、青年千人、优青、青年拔尖人才 （2）对进入国家四青面试环节者或其他优秀的青年学者，学校可优先推荐申报校内人才项目	（1）聘任为教授、博士生导师，提供专属博士生招生指标。 （2）年薪不低于50万元。 （3）学校提供学科建设经费200万~300万元（不含国家拨款）。 （4）安家及住房补助：150万元（含国家及山东省补助），前两年提供专家公寓优惠租住。 （5）提供一流的医疗保健服务。 （6）为子女提供山东省最优质的基础教育

续表

招聘岗位	条件	待遇及支持条件
山东大学齐鲁青年学者	(1) 具有博士学位，自然科学或工程技术领域应聘者年龄不超过35周岁，人文社会科学领域应聘者年龄不超过40周岁。 (2) 海外应聘者一般应具有高水平大学助理教授及以上职位或研究机构相应职位的经历，或具有海外长期学术研修经历。 (3) 应聘者已取得具有重要学术影响的标志性研究成果，具有较强的学术潜力，学术水平居于本学科领域同年龄段学者前列	(1) 聘任为教授、博士生导师。 (2) 年薪：30万~40万元。 (3) 根据学科领域不同，学校提供学科建设经费，自然科学或工程技术领域不低于100万元，人文社会科学类不低于30万元。 (4) 安家及住房补助：学校提供30万~50万元住房补助；前两年提供专家公寓优惠租住。 (5) 提供一流的医疗保健服务。 (6) 为子女提供山东省最优质的基础教育
预聘制教师	(1) 研究员：年龄原则上不超过40周岁；海外知名大学或研究机构助理教授或优秀博士后，国内著名高校或研究机构具有高级专业技术职务或具有相应水平的教学科研人员。 (2) 副研究员：年龄原则上不超过35周岁；海外知名大学或研究机构优秀博士后或博士，国内著名高校或研究机构优秀博士后，具有副高级专业技术职务或具有相应水平的教学科研人员	(1) 事业单位基本工资待遇及有竞争力的绩效工资。 (2) 科研启动经费：6万~20万元，入选"山东大学青年学者未来计划"者20万~50万元。 (3) 提供住房补助。 (4) 提供一流的医疗保健服务。 (5) 为子女提供山东省最优质的基础教育
博士后	(1) 设特别资助类博士后、重点资助类博士后、项目资助类博士后。 (2) 年龄不超过35周岁。 (3) 近3年在海内外世界知名高校或科研机构获得博士学位，攻读博士学位期间取得突出的研究成果。 (4) 能保证在山东大学连续从事博士后研究工作不少于21个月	(1) 年薪：特别资助类不低于30万元；重点资助类不低于20万元；项目资助类不低于12万元。 (2) 按在职事业编制教师同等标准缴纳社会保险和公积金；为外籍及港澳台博士后购买商业医疗保险。 (3) 提供博士后公寓优惠租住。 (4) 提供一流的医疗保健服务。 (5) 为关系转入我校的博士后子女提供山东省最优质的基础教育

续表

招聘岗位	条件	待遇及支持条件
外籍及港澳台地区教师	（1）遵守《中华人民共和国宪法》和法律法规，尊重中华民族的风俗习惯；身体健康，年龄一般在50周岁以下，语言类教师的年龄可以适当放宽。 （2）学术类和专业类教师须具有博士学位和相关专业工作经历，优先聘请在国际知名大学、科研机构担任助理教授及以上职位的教师。 （3）语言类教师须具有学士及以上学位，受过语言教学的专门训练并具有2年以上高校教学经历	（1）实行年薪制，聘期内享受带薪休假政策。 （2）为学术类教师在聘期内提供6万~20万元科研启动费。 （3）提供标准化公寓优惠租住。 （4）购买综合医疗保险。 （5）提供一流的医疗保健服务

资料来源：山东大学 2020 年诚聘海内外优秀人才. http://www.gaoxiaojob.com/zhaopin/gaoxiaojiaoshi/20200116/433180.html.

三、策略与行动："拼命""专心搞研究""结伴"及其他

（一）策略之一：勤奋甚至"拼命"

中国科技人员面临着教育教学、科学研究、产学研合作等任务。无论是开展理论教学、指导学生毕业论文、引导学生创业创新实践、整理教学资料等教育教学活动，还是科学研究中的文献收集与阅读、研究项目的设计与展开、数据资料的收集与分析、学术论文的写作与修改等科研活动，以及进行对外联系、开展商业咨询、申请技术专利、推进横向研究等产学研合作活动，都需要投入大量的时间。况且，中国科技人员普遍具有"研而优则

仕"或"科研—行政双肩挑"的传统，担任行政管理职务的科技人员还要进一步叠加处理行政事务的工作时间，协调处理教学科研时间与行政管理时间的矛盾与冲突。因此，投入大量的工作时间成为科技人员的必然选择，甚至是迫于无奈的选择。

充分的时间投入是科技人员开展研究活动、创造科研成果、提升自身地位的基本保障。研究表明，科研时间与论文产出之间存在倒 U 形联系，且高产出的科研人员、高质量的论文产出时间拐点相对较小（李强、赵延东、何光喜，2014）。但是，为了在多种任务的时间争夺中保证足够的科研时间投入，科技人员往往需要更长的工作时间总量，给人的印象就是很勤奋，甚至是很"拼"。在科技人员涉及时间安排的话题讨论中经常会有"拼"的说法。

> 我评副高的时候太拼了，当时经常通宵啊……不仅熬通宵改文章，还要做课题，熬通宵到早晨五六点钟该做早餐了，做完早餐，吃完饭就上课，白天继续工作。有段时间我睡不着觉了，闭上眼睛也睡不着，现在慢慢调整过来了……我在电脑前头晕，头脑发胀，我跟×书记说我不行了，叫他帮我倒杯水，我以为自己感冒了，冲了一杯感冒药，一口喝下去，然后人就倒了，我发现自己不会走路了。我说我真不行了。我觉得头晕、不能呼吸、心慌，有种要死了的感觉。（访谈对象 PYY）

对于已经结婚生子的科技人员，他们还要面临子女教育、家务劳动等时间安排问题。尤其是女性科技人员，她们往往面临着更为繁重的家庭任务，这些任务都会挤占科研活动的时间。研究表明，家务劳动时间不仅会通过挤占科研时间而间接影响科研产出，而且对科研产出有独立的消极影响（朱依娜、马缨，2015）。

> 孩子还小，孩子上小学你要辅导作业，上幼儿园怕他生病，要精心照顾。作为母亲，作为家长，孩子作业都要签字，老师布置完作业，家长检查，家长签字，有错家长帮着纠，纠正完再签字……把家里的事情做完了，才有时间忙自己的（事）。（访谈对象WHY）

另外，工作时间与学历、职业地位、机构声望等因素存在密切联系，学历较高、职业地位较高或任职机构声望较高的科技人员面临着更高的业绩考核要求，因此需要付出更多的工作时间。研究发现，教授等高级职称教师工作时间更长，"985"大学教师工作时间相对更长且科研时间多、教学时间少（沈红、谷志远、刘茜，2011）。绩效管理、业绩考核、职业晋升的制度化压力，人才争夺与学术劳动力市场的吸引力，加上自身科研兴趣、"出人头地"等内在驱动力，多重动力的累积与叠加效应使得科技人员普遍陷入过度劳动的境地。例如，刘贝妮（2017）发现，教龄、职称、任职于"211"高校、担任研究生导师和行政职务和聘任方式与过劳程度显著相关，组织管理制度、时间紧迫感、工作模式、行为追求偏好、工作/家庭等个体或组织因素对过度劳动具有显著影响。近年来，中国科学界频频发生科技精英英年早逝的事件，这与普遍存在的过度劳动不无关联。

（二）策略之二："专心搞研究"

重视科研、轻视教学是当前中国科技领域普遍存在的问题（阎光才，2012；吴鸿富，2016；郭卉、姚源，2020）。研究与教学的明显失衡是政府质量控制和资源配置体制、高校学术评价与晋升制度、学术共同体内部学术认可机制等因素综合作用的结果，也反映了学术系统及其组织内部存在组织同质化、"学术棘轮"等多重效应（阎光才，2012）。这一倾向的深层根源是经济社会变迁引发的教学科研系统功能与学术职业性质的转变，尤其是研究生教育的扩展、高学历人才的聚集及科研角色的强化；直接原因是政府和科学界"重量轻质"的绩效管理与科研评价制度，基于科研表现的资源分配制度等。同时，受到轻视的不只是教学，产学研合作也存在重视度偏低、参与度不足的窘境。例如，杨志（2019）发现我国高校产学研合作存在发展不均衡、国家战略目标没有实现、资金不足、政策不到位、产权归属不合理、人员招聘和教师评价机制僵化等问题。

这种"轻"与"重"的权衡是风险水平、测量难度、个人影响力、任务重要性等任务特征，以及职称晋升、绩效管理、科研评价、资源分配等制度/机制的综合效应的产物，它既是制度/机制的引导方向与作用结果，也是科技人员基于自身综合职业利益的理性选择。科技人员所面临的教育教学、科学研究、产学研合作等任务，在风险水平、绩效考核的难易程度、绩效水平与个人努力的关联程度、相关业绩对职业发展的重要性等方面存在明显差异。第一，任务的风险水平从高到低依次是产学研合作、科学研究、教育教学。教育教学，尤其是本科教学侧重于知识技能的讲解传授，多数内容是学术界已经达成共识的知识且知识更新相对较慢，还有相对成熟、可资参考的教材和大纲体系，所以风险水平相对较低。学术研究的基本特质是探索性或不确定性，其风险水平高于教育教学。产学研合作的风险水平则叠加了科研风险和市场风险，因而处于最高位次。第二，任务的绩效考核难度从高到低依次是产学研合作、教育教学、科学研究。科学研究的绩效考核主要集中于学术论文和科研项目，不同类型的成果及其权重亦有相对成熟的制度与流程，考核难度相对较低。教育教学的考核体系目前也较为成熟，但因涉及学生、学校、软件硬件等因素而相对复杂。产学研合作绩效考核仍处于探索发展中，尚未建立通用性、标准化的业绩考核标准，因而绩效考核难度相对更高。第三，任务达成中的个人影响力从高到低依次是科学研究、产学研合作、教育教学。学术研究成果主要取决于科技人员个人及其团队的努力水平，且有明确的成果认定和署名规则。教育教学除了考虑教师授课水平，还需要考虑学校层次、学生学习状态、专业课程、软件硬件设施等要素，难以将教学活动的成功归功于教师自身。

产学研合作处于学术与市场的中间地带,所需考虑的因素更加复杂微妙。第四,任务的重要性从高到低依次是科学研究、教育教学、产学研合作。在普遍推行的绩效管理和评价体系中,科研业绩的数量与质量最受关注。教育教学是必要的业绩,管理实践中的基本导向是重数量而轻质量,大多数科技人员能够达成。产学研合作纳入绩效管理和评价体系尚处于探索状态,除了技术专利、成果转化、横向课题等合作形式已经进入职称评定、绩效工资、科研评价等制度,顾问咨询、创办公司等合作形式尚未纳入相关制度体系,更不用说形成通用性、标准化的指标体系了。

基于以上分析,我们可以得出科技人员的理性策略是"重视科研、凑合教学、有选择地参与产学研合作"。这样的策略选择不仅符合前文关于几类任务的理论分析,而且与相关经验研究结果相吻合。例如,李容(2013)认为现行职称晋升制度下科研成果的数量是科学家能否晋升职称的信号,尽管科研成果并非甄别学术水平和学术创新性的有效方式;付连峰(2018)发现,在晋升锦标赛的情境下,科技人员倾向于专注学术研究以确保自身的职业晋升,产学研合作对职业晋升没有积极影响。实际上,多数科技人员在进入职业生活后能够敏锐地体察这几类任务的多维差异,并且做出符合综合职业利益的策略选择。

> 记得刚来的时候以教学为主,因为我觉得作为一名老师首先要把教学搞好,然后把课教好。后来才发

现，科研比教课更重要，然后我就更努力搞科研。所以我走的弯路比较多，没有意识到一工作就要好好写文章，所以我觉得这也算一个教训吧，希望大家都吸取这样的教训。（访谈对象 MLX）

为什么大家都喜欢搞研究，上课凑合一下得了？因为很多制度是这样引导的。职称评审文件中虽然也有教学成果要求，但一般人都没问题，不出错就行，然后就是拼科研成果了。还有绩效工资文件，一年下来上课带学生也不过 500 个工作量，换成工资不到 15000 元。发一篇 C 刊，20000 分，换成工资比 15000 元还多。我有个同学在××大学工作，他说他一般都是在上班路上备课，剩下的时间都在搞研究。所以说，搞好研究似乎更重要。（访谈对象 FLF）

（三）策略之三：团队建设和"结伴"

科研团队是申请科研项目和经费、共享科研仪器和设备、组织科研分工与合作、传授科研经验与教训、促进群体交流研讨和激发科研灵感的重要依托。众多经验研究表明，良好的科研团队是提升科研产出数量与质量、加速个人职业发展进程的重要因素。但是，有强力带头人、组织合理、运行有序、成员可靠的科研团队往往仅限于少数规模较大、实力较强的专业学科，大量普通科技人员往往面临着不容乐观的团队情况，不得不努力挣扎着组建自己的团队或加入别人的团队。

> 大家都知道有团队好,但是光知道没用……我们教研室有7个人,每个人都有一个方向,没有一个带头人整合不到一起。谁都不愿意放弃自己原先做的领域,毕竟投入了很多年,忽然换一个方向,以前的东西都白废了。再说,换一个方向很难,别人都熟悉的文献自己要从头开始啃。(访谈对象ZQW)

> 做好团队很难,想找到合适的几个人不容易,现在学科领域分得很细……之前碰到一个人,做的研究主题与我相似。后来他有个课题申报书,拿来跟我讨论,我才发现,虽然我们俩的研究主题相似,但是几乎不是在同一个学术话语体系中。后来也就是浅层交流,一起搞研究比较难。(访谈对象WFF)

除了相对正式的科研团队,还有一种重要的非正式合作形式,可以称之为"结伴"。"结伴"除了具有前文所述的科研团队的诸多功能外,更重要的是能够起到相互督促、彼此激励的效应,使得科技人员在常规化甚至乏味的日常教学科研活动中不至于失去内在的前进动力。"结伴"的过程既包含研究合作、资源共享、交流讨论等,也包括日常交流、休闲娱乐等,可以说是正式的同事、同行关系与非正式的私人关系的混合体。

> 评职称,大家都有这个同感,压力比较大,比较集中……我是那个时候结识的HHW老师,我们算亦师亦友,我记得那半年的效率特别高。我记得是一周、

一个月通一次邮件，写到哪儿了，进度到哪儿了，主要是他监督我，因为他做事比较有条理、有计划，在他的监督下，我那半年发表了3篇文章。（访谈对象HSY）

被访者在谈到"结伴"的时候用到了"bia"这个方言语，意思是鞭策、监督、激励。

独学就是自己想半天没灵感，脑子不活跃。也就是外面没有东西拉着你往前走，bia（方言）住你往前走……有人可能自律性比较强，不用别人管，我的自律性太差了，可能就需要别人说bia一下，bia着你往前走。再有就是真正问题的探讨，我就有这样一种感受，不知道大家有没有，越做不下去的时候就越不想做，越不想做的时候时间就过得很快，反倒是跟同行的人聊一下，灵感可能就来了。（访谈对象HSY）

除了上述两种情况，还有一种具有强烈的功利性色彩的合作形式即"挂名"，即课题申报或论文署名中的合作者仅是名义上的，不会有实质性的合作功能。这种"挂名"合作有其制度根源，即学科团队建设、职业晋升或业绩考核经常会把科研合作作为标准或条款之一，甚至是必须具备的项目。在这种情况下，为了达到制度所规定的科研合作要求或在现有制度规定下寻求利益最大化，科技人员往往会采用"挂名"合作。鼓励科研合作的制度催生了表面上符合制度要求，实质上与之相悖的合作行为，这是一种非常吊诡的现象。

我们学校的职称文件简直令人看不懂……如要求参与评审时的成果都是已经完成的，主持在研的成果不行。这样，如果我拿了一个国家课题，一般都得花三四年的功夫才能结项，中间还不许申报省级课题，我想达到资格评副高就要等到结项。可是，我要是拿个省级课题，一两年就结项了，也就有资格评副高了。这不合理……所以我课题没结项的时候会先找人挂几个课题，然后就有资格评副高了。（访谈对象CJW）

中国科技人员社会分层研究

第五章

社会分层体系中的科技人员

本章将中国科技人员置于总体社会分层体系中，精准判断科技人员在总体社会分层体系中所处的位置，深入分析体制改革与社会变迁对不同社会群体分化与分层的影响，探索揭示科技人员相对于其他社会群体的独特分层逻辑。

一、客观社会分层

（一）科技人员的客观分层地位及其影响因素

本文基于教育、收入、职业 3 个经典客观分层标准，运用因子分析生成科技人员和一般社会成员的客观社会地位指数。因子分析结果显示，只有 1 个因子的特征根大于 1（1.658），累计方差贡献率为 0.5528，故仅提取 1 个因子作为客观社会经济地位指数。

多元线性回归模型以社会经济地位指数为因变量，纳入人力资本、政治资本、利益获得、职业细分类别等自变量，以及性别、户口、婚姻状况等若干控制变量。自变量包括：①年龄和年龄平方项。②受教育年限（未受教育=0，小学=6，初中=

9，高中、中专、技校、职高=12，大专=15，本科=16，硕士=19，博士=22）。③管理职务分为管理人员和一般工作人员，以一般工作人员为基准组。④政治面貌分为中共党员和非中共党员，以非中共党员为基准组。⑤个人收入，即2013年农业收入、工资收入、经营收入等个人收入总量（模型中取其自然对数形式）。⑥社会保障水平，由基本医疗保险（或公费医疗/劳保医疗）、基本养老保险（或单位退休金/机关事业单位养老保险）、工伤保险、失业保险、住房公积金、补充医疗保险、补充养老保险、商业医疗保险、商业养老保险9项合并而来，取值为0~9。⑦职业细分类别分为科学研究与工程技术人员、卫生专业技术人员、经管法业务人员、教学人员、其他专业技术人员，卫生专业技术人员作为基准组。控制变量包括性别（男性=1）、婚姻状况（已婚=1）、户口性质（农业户口=1）等。

表格5-1中的模型1~模型3分别纳入人力资本、政治资本、利益获得三类变量，模型4则纳入上述所有变量。统计结果表明：①人力资本因素对科技人员的客观分层地位具有显著影响，但人力资本的影响集中在受教育年限变量。从模型1至模型4，受教育年限的回归系数从0.130略微下降至0.126，显著性水平保持不变；年龄和年龄平方项在模型1中具有显著性，但是在模型4中不再显著。②政治资本因素对科技人员的客观分层地位具有显著影响，但政治资本因素的影响集中在管理职务变量。从模型1至模型4，管理职务的回归系数从0.169大幅度下降至 0.054，但依然具有显著性；中国共产党党员的回归系数下降幅度更大，且不再显著。③利益获得因素对客观分层地位具有显著影响。个人收入的回归系数从 0.032 下降至 0.029，显著性水平保持不变；社会保障水平的回归系数从 0.057 大幅度下降至 0.007，显著性水平也有所弱化。④细分职业类别对科技人员客观分层地位有较弱的显著影响，在给定其他变量的情况下，科学研究与工程技术人员在 0.050 的显著性水平上略高于基准组，经管法业务人员和其他人员在 0.010 的显著性水平上略高于基准组，综合来看，各类科技人员内部的地位差距相对较小。

表 5-1　科技人员客观分层地位的影响因素

影响因素	模型（1）客观分层地位	模型（2）客观分层地位	模型（3）客观分层地位	模型（4）客观分层地位
受教育年限	0.130*** (0.002)	—	—	0.126*** (0.002)
年龄	0.008*** (0.002)	—	—	-0.001 (0.002)
年龄平方项	0.000 (0.000)	—	—	0.000 (0.000)
中国共产党党员	—	0.107*** (0.023)	—	-0.012 (0.009)
管理人员	—	0.169*** (0.028)	—	0.054*** (0.013)
个人收入（ln）	—	—	0.032*** (0.006)	0.029*** (0.003)
社会保障水平	—	—	0.057*** (0.006)	0.007** (0.003)

续表

影响因素	模型（1）客观分层地位	模型（2）客观分层地位	模型（3）客观分层地位	模型（4）客观分层地位
男性	0.033*** (0.011)	-0.002 (0.020)	0.032 (0.020)	0.008 (0.008)
已婚	0.030*** (0.011)	-0.106*** (0.022)	-0.159*** (0.023)	0.008 (0.008)
农村户口	-0.008 (0.015)	-0.315*** (0.023)	-0.247*** (0.026)	-0.010 (0.007)
科学研究与工程技术人员	0.056*** (0.015)	0.020 (0.040)	-0.042 (0.040)	0.029** (0.012)
经管法业务人员	0.048*** (0.014)	-0.004 (0.031)	-0.020 (0.031)	0.019* (0.010)
教学人员	-0.015 (0.010)	0.068** (0.030)	0.066** (0.029)	-0.015 (0.009)
其他人员	0.058** (0.025)	0.013 (0.054)	0.021 (0.051)	0.047* (0.024)
_cons	-0.217*** (0.061)	1.951*** (0.033)	1.524*** (0.070)	-0.261*** (0.051)
Obs.	1347	1298	1340	1280
R-squared	0.823	0.205	0.246	0.894

注：***、**和*分别表示 p<0.01、p<0.05 和 p<0.1 的显著性水平。

（二）不同职业群体的客观分层地位及其影响因素

表5-2 显示了不同职业群体的个人收入、受教育年限的情况。从表中数据可以看出，科技人员的收入水平相对较高，不仅高于全体劳动者的总体水平，而且高于办事人员、商业服务业人员、生产运输工人等城市就业群体。科技人员收入水平的

标准差相对较大，高于办事人员、商业服务业人员、生产运输人员等职业群体，但明显小于全体劳动者的总体水平。科技人员的受教育年限明显高于其他职业群体和全体劳动者的总体水平，受教育年限的标准差最小。

表 5-2 个人收入和受教育年限的群体比较

影响因素	群体	计数	均值	标准差
个人收入	科技人员	1362	50373.07	56567.36
	办事人员	878	41656.3	45447.21
	商业服务业人员	1754	36166.35	51876.48
	生产运输工人	3954	33964.59	40227.15
	全体劳动者	15950	30728.81	82675.73
受教育年限	科技人员	1362	14.261	2.836
	办事人员	878	12.899	3.387
	商业服务业人员	1754	10.489	3.709
	生产运输工人	3954	9.256	3.303
	全体劳动者	15950	8.654	4.423

表 5-3 中的模型 1~模型 5 分别显示了科技人员、办事人员、商业服务业人员、生产运输工人和全体劳动者的客观分层地位的影响因素。客观分层地位的影响因素及其作用在各个社会群体中存在明显差别：①受教育年限对不同群体的客观分层地位影响相对均衡，回归系数在各类群体中的变动范围很小，保持在 0.121~0.129。②年龄因素的影响范围相对有限，年龄和年龄平方项仅对生产运输工人的客观分层地位具有显著影响，而对其他职业群体不显著。③党员身份对于全体劳动者的客观

分层地位具有一定的消极影响，但对于科技人员、办事人员、商业服务业人员和生产运输工人等群体均无显著影响或仅有边缘性影响。④管理职务对多数职业群体和全体劳动者的客观分层地位都有显著的积极影响，仅对办事人员没有显著性。⑤个人收入对各个职业群体和全体劳动者都有显著影响且影响程度较为相似，回归系数的变化范围 0.024~0.042。⑥社会保障水平对全体劳动者、科技人员、生产运输工人的客观分层地位具有显著影响，但对办事人员和商业服务业人员没有显著影响。另外，从模型 5 职业类别变量的影响来看，党政群企负责人的客观分层地位最高，往下依次是科技人员、办事人员、个体户、商业服务业人员、生产运输工人，农林牧渔人员的客观分层地位处于最低水平，这一结果与前文的分析结果保持一致。

表 5-3 客观社会地位影响因素的群体比较

影响因素	模型（1）科技人员	模型（2）办事人员	模型（3）商业服务业人员	模型（4）生产运输工人	模型（5）全体劳动者
受教育年限	0.125*** (0.001)	0.129*** (0.002)	0.121*** (0.001)	0.121*** (0.001)	0.123*** (0.001)
年龄	-0.002 (0.002)	0.003 (0.003)	0.002 (0.002)	0.003*** (0.001)	0.001 (0.002)
年龄平方项	0.000 (0.000)	0.000 (0.000)	0.000 (0.000)	0.000 (0.000)	0.000 (0.000)
中国共产党党员	-0.016* (0.009)	-0.001 (0.012)	-0.013 (0.011)	-0.003 (0.008)	-0.017*** (0.006)

续表

影响因素	模型（1）科技人员	模型（2）办事人员	模型（3）商业服务业人员	模型（4）生产运输工人	模型（5）全体劳动者
管理人员	0.061*** (0.013)	0.017 (0.012)	0.070*** (0.019)	0.068*** (0.013)	0.049*** (0.011)
个人收入（ln）	0.029*** (0.003)	0.029*** (0.004)	0.028*** (0.004)	0.024*** (0.002)	0.042*** (0.005)
社会保障水平	0.008** (0.003)	0.004 (0.003)	0.002 (0.003)	0.004*** (0.001)	0.007*** (0.002)
男性	0.012 (0.008)	0.024** (0.010)	0.030*** (0.009)	0.021*** (0.004)	0.029*** (0.007)
已婚	0.000 (0.008)	-0.027 (0.021)	0.013 (0.009)	0.008 (0.006)	0.000 (0.007)
农村户口	-0.013* (0.007)	0.012 (0.015)	-0.015* (0.008)	-0.004 (0.004)	0.013 (0.010)
党政群企负责人	—	—	—	—	1.552*** (0.015)
个体户	—	—	—	—	0.787*** (0.033)
科技人员	—	—	—	—	1.272*** (0.006)
办事人员	—	—	—	—	0.940*** (0.006)
商业服务业人员	—	—	—	—	0.327*** (0.006)
农林牧渔人员	—	—	—	—	-0.309*** (0.009)
_cons	-0.219*** (0.048)	-0.702*** (0.088)	-1.158*** (0.051)	-1.474*** (0.026)	-1.659*** (0.065)

续表

影响因素	模型(1) 科技人员	模型(2) 办事人员	模型(3) 商业服务业人员	模型(4) 生产运输工人	模型(5) 全体劳动者
Obs.	1280	830	1438	2840	7443
R-squared	0.892	0.929	0.897	0.940	0.856

注：＊＊＊、＊＊和＊分别表示 $p<0.01$、$p<0.05$ 和 $p<0.1$ 的显著性水平。

二、主观阶层认同

（一）科技人员的主观阶层认同及其影响因素

主观阶层认同是社会成员对自身所处层级地位的主观认知，它源于人们对自身生活状况和社会境遇的认识与理解，反映了人们在经济发展、社会变迁与体制改革背景下的体验与感受。较早时期的经验研究成果更多关注个体、组织和社会的客观特征对主观阶层认同的影响。近年来的研究开始着重探索主观社会意识对阶层认同的影响，其潜在预设是个体生命历程与宏观结构变迁建构了复杂微妙的感受、态度与认知，这些主观因素对阶层认同的影响同样不容忽视，例如，转型期生存焦虑、相对剥夺感、主观流动感等（陈光金，2013；李飞，2013；陈云松、范晓光，2016）。

被调查者的主观阶层认同即对照从低到高 10 个等级的地位阶梯，由被调查者选择"您认为自己目前在哪个等级上？"鉴于原数据中的部分等级比例过低，课题组将主观认定的阶层归属重新分为下层、中下层、中层、中上层、上层5个层级，分别赋值为1、2、3、4、5。在客观分层地位研究涉及的自变量基础上，结合前文所述的研究成果，将若干主观意识变量纳入统计模型。这些主观意识变量是：①工作满意度由收入、工作安全性、工作环境、工作时间、晋升机会、工作有趣、工作合作者、能力和技能使用、他人给予工作的尊重、在工作中表达意见的机会10个选项的满意度分值加总而来，取值为10~50。②生活幸福感是科技人员对自己的生活是否幸福的主观判断，从"非常不幸福"到"非常幸福"分为5个等级，取值为1~5。③相对公平感是对个人生活水平与工作努力相比是否公平的主观判断，从完全不公平到完全公平分为5个等级，取值为1~5。

考虑到主观阶层认同研究的关注点，本研究将客观分层地位变量、主观意识变量依次纳入回归模型。表5-4的模型1~模型4显示了科技人员阶层认同的影响因素。其中，模型1在控制变量的基础上纳入个人收入和受教育年限两个变量；模型2纳入客观分层地位指数变量替代个人收入和受教育年限变量；模型3和模型4分别在前两个模型的基础上纳入工作满意度、生活幸福感、相对公平感等主观意识变量。统计结果表明，无论是客观地位变量还是主观意识变量，都对科技人员的阶层认同具有显著影响。这些变量的具体影响是：①受教育年限对阶层认同持续具有强势影响，从模型1~模型3，受教育年限的回归系数略有降低（从0.100降为0.088），但显著性水平基本保持不变。②个人收入对阶层认同具有显著影响，从模型1~模型4，个人收入的回归系数略有增加（从0.047升至0.054），显著性水平亦有所增强。③客观社会地位指数对阶层认同具有显著影响，但在纳入主观意识变量后回归系数略微有下降（从0.931降至0.790），但是显著性水平保持不变。④社会意识变量对主观阶层认同具有重要影响，其回归系数和显著性水平在纳入主观地位因素后仅略微降低，显著性水平均保持不变。

表5-4 科技人员主观阶层认同的影响因素

影响因素	模型（1）主观阶层认同	模型（2）主观阶层认同	模型（3）主观阶层认同	模型（4）主观阶层认同
受教育年限	0.100*** (0.023)	—	0.088*** (0.024)	—
个人收入（ln）	0.047* (0.027)	—	0.054** (0.027)	—
客观分层地位	—	0.931*** (0.171)	—	0.790*** (0.173)
工作满意度	—	—	0.039*** (0.011)	0.037*** (0.011)
生活幸福感	—	—	0.359*** (0.070)	0.354*** (0.069)
相对公平感	—	—	0.432*** (0.066)	0.428*** (0.066)
男性	-0.111 (0.114)	-0.121 (0.114)	-0.139 (0.115)	-0.138 (0.115)
已婚	0.464*** (0.156)	0.471*** (0.156)	0.339** (0.159)	0.350** (0.159)

续表

影响因素	模型（1）主观阶层认同	模型（2）主观阶层认同	模型（3）主观阶层认同	模型（4）主观阶层认同
农村户口	0.019 (0.146)	0.048 (0.145)	0.052 (0.147)	0.065 (0.147)
年龄	-0.040 (0.038)	-0.034 (0.037)	-0.016 (0.038)	-0.008 (0.038)
年龄平方项	0.001 (0.000)	0.001 (0.000)	0.000 (0.000)	0.000 (0.000)
中国共产党党员	0.052 (0.133)	0.045 (0.132)	-0.007 (0.135)	-0.010 (0.133)
管理人员	0.072 (0.149)	0.009 (0.150)	0.010 (0.150)	-0.039 (0.151)
社会保障水平	-0.006 (0.033)	-0.015 (0.034)	-0.001 (0.034)	-0.004 (0.034)
cut1：_cons	-0.601 (0.761)	-0.682 (0.734)	3.598*** (0.875)	3.340*** (0.846)
cut2：_cons	0.926 (0.759)	0.849 (0.732)	5.238*** (0.880)	4.981*** (0.850)
cut3：_cons	3.558*** (0.766)	3.495*** (0.739)	8.062*** (0.898)	7.811*** (0.868)
cut4：_cons	6.796*** (0.833)	6.740*** (0.809)	11.355*** (0.959)	11.107*** (0.931)
Obs.	1280	1280	1280	1280
Pseudo R^2	0.017	0.020	0.061	0.062

注：***、**和*分别表示$p<0.01$、$p<0.05$和$p<0.1$的显著性水平。

（二）不同职业群体的主观阶层认同及其影响因素

表5-5显示了科技人员及其他劳动者群体的阶层认同状况。科技人员自我阶层定位的上层占0.67%，中上层占14.26%，中层占54.90%，中下层占21.47%，下层占8.69%。科技人员的

阶层认同具有 3 个典型特征：①阶层认同以中层认同为主，各阶层的比例分布以中层为中心向两侧递减。②中层之外的较低阶层认同的比例大于较高阶层认同的比例，表现为偏低的中下层比例大于中上层，最低的下层比例大于上层。③阶层认同的内部差异相对较小，两端的下层和上层的比例均比较低，合计不足 10%。从科技人员与其他劳动者群体的比较情况来看，科技人员与办事人员两类群体的阶层认同非常接近，无论是各个等级上的比例还是平均等级都差距甚微。商业服务业人员、生产运输工人与全体劳动者的阶层认同比较相似，它们的阶层认同平均水平低于科技人员和办事人员，但是内部差距要大于科技人员和办事人员。商业服务业人员的阶层认同最接近全体劳动者的阶层认同。

表 5-5　科技人员的阶层认同及群体比较

分类		科技人员	办事人员	商业服务业人员	生产运输工人	全体劳动者
阶层认同	下层	8.69	8.66	12.31	12.97	12.32
	中下层	21.47	22.75	27.65	29.85	28.68
	中层	54.90	53.23	50.76	48.48	49.69
	中上层	14.26	14.32	8.11	7.56	8.15
	上层	0.67	1.04	1.17	1.14	1.16
均值		2.77	2.76	2.58	2.54	2.57

表 5-6 的回归模型 1~模型 5 显示了科技人员、办事人员、商业服务业人员、生产运输工人和全体劳动者主观阶层认同的影响因素。各类职业群体的主要差别包括：①从初步的回归系数差异来看，受教育年限对主观阶层认同的影响在科技人员和

办事人员群体中回归系数最高，这一系数明显高于全体劳动者、商业服务业人员，但是在进一步的交互效应检验中，受教育年限与职业类别的交互效应并无显著影响。②管理职务在商业服务业人员、全体劳动者中对主观阶层认同具有显著影响，但是在科技人员中没有显著影响。③个人收入、职业满意度、生活幸福感、相对公平感等变量对主观阶层认同的影响在各个职业群体之间差异较小。另外，一个值得关注的问题是，以生产运输工人为参考基准，仅有个体户的主观阶层认同显著高于基准值，科技人员、办事人员、商业服务业人员、农林牧渔人员的阶层认同与基准值没有显著差异。这意味着，尽管科技人员的主观阶层认同相对较高，尤其是自我定位为中层和中上层的比例较高，但这主要归功于科技人员较高的受教育年限和收入水平，而非专业技术职业本身。

表 5-6　主观阶层认同影响因素的群体比较

影响因素	模型（1）科技人员	模型（2）办事人员	模型（3）商业服务业人员	模型（4）生产运输工人	模型（5）全体劳动者
个人收入（ln）	0.054** (0.027)	0.061* (0.035)	0.043* (0.026)	0.046** (0.019)	0.063*** (0.011)
受教育年限	0.088*** (0.024)	0.081*** (0.027)	0.041** (0.019)	0.025* (0.014)	0.052*** (0.009)
工作满意度	0.039*** (0.011)	0.041*** (0.014)	0.028*** (0.011)	0.044*** (0.007)	0.039*** (0.005)
生活幸福感	0.359*** (0.070)	0.396*** (0.089)	0.529*** (0.065)	0.404*** (0.044)	0.419*** (0.028)

续表

影响因素	模型（1）科技人员	模型（2）办事人员	模型（3）商业服务业人员	模型（4）生产运输工人	模型（5）全体劳动者
相对公平感	0.432*** (0.066)	0.542*** (0.086)	0.405*** (0.061)	0.397*** (0.043)	0.424*** (0.027)
男性	-0.139 (0.115)	-0.216 (0.150)	-0.215** (0.108)	-0.382*** (0.078)	-0.309*** (0.048)
已婚	0.339** (0.159)	-0.348* (0.210)	0.151 (0.156)	0.072 (0.121)	0.068 (0.072)
农村户口	0.052 (0.147)	-0.282* (0.169)	-0.200* (0.121)	-0.285*** (0.093)	-0.150*** (0.056)
年龄	-0.016 (0.038)	-0.015 (0.041)	0.004 (0.032)	-0.013 (0.023)	-0.000 (0.014)
年龄平方项	0.000 (0.000)	0.000 (0.000)	0.000 (0.000)	0.000 (0.000)	0.000 (0.000)
中国共产党党员	-0.007 (0.135)	0.034 (0.161)	0.031 (0.186)	-0.013 (0.150)	0.063 (0.072)
管理人员	0.010 (0.150)	0.269 (0.171)	0.583*** (0.171)	0.218 (0.149)	0.201*** (0.074)
社会保障水平	-0.001 (0.034)	-0.060 (0.044)	0.026 (0.034)	-0.057** (0.025)	-0.035** (0.015)
党政群企负责人	—	—	—	—	0.125 (0.247)
个体户	—	—	—	—	0.347*** (0.077)
科技人员	—	—	—	—	-0.061 (0.076)
办事人员	—	—	—	—	0.068 (0.083)

续表

影响因素	模型(1) 科技人员	模型(2) 办事人员	模型(3) 商业服务业人员	模型(4) 生产运输工人	模型(5) 全体劳动者
商业服务业人员	—	—	—	—	-0.103 (0.064)
农林牧渔人员	—	—	—	—	-0.100 (0.163)
cut1:_cons	3.598*** (0.875)	3.005*** (1.022)	3.047*** (0.752)	2.195*** (0.524)	3.013*** (0.332)
cut2:_cons	5.238*** (0.880)	4.829*** (1.027)	4.779*** (0.758)	4.014*** (0.528)	4.808*** (0.334)
cut3:_cons	8.062*** (0.898)	7.700*** (1.051)	7.768*** (0.776)	6.931*** (0.539)	7.702*** (0.342)
cut4:_cons	11.355*** (0.959)	10.639*** (1.106)	9.955*** (0.809)	9.182*** (0.566)	10.226*** (0.358)
Obs.	1280	830	1438	2840	7443
Pseudo R^2	0.061	0.090	0.074	0.068	0.072

注：***、**和*分别表示 $p<0.01$、$p<0.05$ 和 $p<0.1$ 的显著性水平。

科技人员最突出的特征是具有相对较高的受教育程度并从事具有一定专业性的科学技术工作。那么，受教育程度对于科技人员的主观阶层认同是否具有特殊的影响力呢？表5-7显示了受教育年限与职业类别的交互效应检验结果。统计结果表明，以农林牧渔人员为基准，科技人员、其他职业类别与受教育年限的交互效应并无显著性，即在不同职业群体中，受教育年限对主观阶层认同的影响力没有显著差别。

表 5-7 受教育年限与职业类别的交互效应对主观阶层认同的影响

影响因素	系数	标准误	t 值	显著性	95%置信区间	
					下限	上限
个人收入（ln）	0.063	0.011	5.50	0.000	0.040	0.085
受教育年限	0.020	0.045	0.45	0.651	-0.068	0.108
工作满意度	0.039	0.005	8.41	0.000	0.030	0.048
生活幸福感	0.419	0.028	14.96	0.000	0.364	0.474
相对公平感	0.423	0.027	15.60	0.000	0.370	0.476
男性	-0.295	0.048	-6.16	0.000	-0.389	-0.201
已婚	0.071	0.072	0.98	0.326	-0.071	0.213
农村户口	-0.159	0.056	-2.83	0.005	-0.269	-0.049
年龄	-0.002	0.014	-0.17	0.864	-0.030	0.025
年龄平方项	0.000	0.000	0.92	0.356	0.000	0.000
中国共产党党员	0.048	0.073	0.66	0.509	-0.095	0.191
管理人员	0.193	0.074	2.61	0.009	0.048	0.339
社会保障水平	-0.036	0.016	-2.29	0.022	-0.066	-0.005
生产运输工人	0.105	0.415	0.25	0.801	-0.708	0.917
商业服务业人员	-0.426	0.430	-0.99	0.322	-1.270	0.418
个体户	0.042	0.455	0.09	0.926	-0.849	0.934
办事人员	-0.531	0.478	-1.11	0.267	-1.468	0.406
科技人员	-0.497	0.492	-1.01	0.312	-1.461	0.467
党政群企负责人	-0.600	1.022	-0.59	0.557	-2.603	1.403
农林牧渔人员	—	—	—	—	—	—
生产运输工人×受教育年限	0.004	0.046	0.09	0.927	-0.086	0.094
商业服务业人员×受教育年限	0.047	0.047	1.00	0.316	-0.045	0.138
个体户×受教育年限	0.047	0.049	0.95	0.343	-0.050	0.144

续表

影响因素	系数	标准误	t值	显著性	95%置信区间	
					下限	上限
办事人员×受教育年限	0.066	0.049	1.35	0.176	-0.030	0.162
科技人员×受教育年限	0.051	0.049	1.05	0.292	-0.044	0.147
党政群企负责人×受教育年限	0.082	0.091	0.90	0.368	-0.097	0.262
农林牧渔人员×受教育年限	—	—	—	—	—	—

注：＊＊＊、＊＊和＊分别表示 $p<0.01$、$p<0.05$ 和 $p<0.1$ 的显著性水平。

中国科技人员社会分层研究

第六章

科技体制改革中的科技人员与收入分配

一、绩效工资能否提升科研产出

(一) 引言

绩效工资是以个人、团队和组织的绩效考核为基础，薪酬给付与工作业绩相挂钩的工资制度。绩效工资制度起初在经济管理领域被广泛实施，而后逐渐向外辐射至公共管理、科学研究等领域。2006年，党中央、国务院批准实施《事业单位工作人员收入分配制度改革实施办法》（国人部发〔2006〕59号），明确规定事业单位的工资结构由岗位工资、薪级工资、绩效工资和津贴补贴构成。高等院校、医疗机构卫生、科研院所等单位随之开始推行绩效工资制度。绩效工资的制度设计、实施效果、内在逻辑、探索创新等话题越来越成为学术讨论的热点。

绩效工资与科研活动的结合存在激烈的争议和深刻的矛盾。[①] 一

[①] 关于绩效工资与工作表现的学术争论早就存在。支持者认为绩效工资能够通过激励效应和筛选效应提升组织员工的努力水平、实际绩效和创新表现等（Eisenberge, Weier and Masterson, 1989; Eisenberger, Pierce and Cameron, 1999; Jiang, Wang and Zhao, 2012; Sousa and Luís, 2013）。反对者则认为绩效工资通过减少内在激励、削弱合作精神、忽视长期绩效、催生机会主义等损害绩效与创新表现（Deci and Ryan, 1985; Frey, Oberholzer-Gee and Review, 1997; Frey, 2009; Amabile and Pillemer, 2012; Holmstrom and Milgrom, 1991; Weibel, Rost and Osterloh, 2010; Loomes, Starmer and Sugden, 2010），另外，情境因素也加剧了二者关系的不确定性（Friedman, 2009; Byron and Shalini, 2012）。

方面，绩效工资制度与科学技术的职业化、市场化趋势的确具有内在的契合性。进入大科学时代以来，科学技术成为关键的社会部门，从业人员群体越发庞大复杂，科技职业已经成为从业人员的一门"生计"，物质报酬已经成为从事科学研究的重要动机之一。产学研合作的理论探索与实践发展也在推动物质利益和经济逻辑深入渗透科学界。后学院科学、知识生产新模式、学术资本主义、三重螺旋等理论范式都将市场化作为重要甚至核心的内涵与方向（齐曼，2008；吉本斯、利摩日、诺沃提尼，2011；斯劳特、莱斯利，2014；埃茨科威兹，2014）；美国的《拜杜法案》（1980年）、日本的《产业活力再生特别措施法》（1999年）、中国的《中华人民共和国科技进步法》（2007年修改版）也都是运用专利所有权及其商业收益来激励技术专利的研发与转化。另一方面，科研活动、科技人员和科学技术的独特性及科研激励的传统路径都与物质激励和绩效薪酬存在龃龉抵牾。科研活动具有成果首创性、产出不确定性、行为不可观察性等特征，这些特征决定了其复杂性远超过一般的社会生产活动（陈志俊、张昕竹，2004）。科技人员通常被认为具有更高的内在激励与非物质性动机，科学共同体的文化逻辑与制度传统亦强调对科技人员的声望激励，甚至科技人员的产学研合作行为亦不乏声望动机（Baldin, Grimaldi and Sobrero, 2007; Goktepe-Hulten and Mahagaonkar, 2010）。目前，中国科研领域的绩效工资制度在设计、分配、效果等环节存在诸多缺陷，这些缺陷加深了绩效工资能否提升科研产出的疑问。当前，绩效工资制度存在项目构成不规范、分配依据欠科学透明、制度有效激励不足、考核体系不完善等问题（张海峰，2015），而且以科研经费和论文数量多寡决定工资额度，诱发和助长功利导向、偏差行为甚至造成激励扭曲（赵兰香，2007；李容，2012；赵书松、廖建桥，2013；张义芳，2018）。龙立荣、张海涛（2012）指出，企事业单位过度使用绩效薪酬使生产效率高和创新水平低两种现象并存。马君、张勇认为，科研导向的绩效工资激励具有典型的倒 U 形效应（马君、山鸣峰，2013；张勇、龙立荣，2013）。

总体来看，现有研究成果偏重讨论绩效工资与科研产出的统计模型，或者分析高等学校、科研院所的绩效工资制度设计与实践，甚少涉及单位内部的绩效工资制度的微观运作与科研产出的变化规律的关系问题。有鉴于此，本研究将以 HST 大学的一个基层学院为案例，运用该学院的工资数据、科研资料和制度文件，分析该基层学院的工资水平、工资结构、科研项目、学术论文与著作，探讨绩效工资影响科研产出的程度、方式及其逻辑机制，进而提出改善现有制度设计与管理实践的对策建议。

（二）绩效工资改革：结构、核算与导向

HST 大学是中部地区一所省属教学研究型大学，涵盖理、工、农、医、经、管、文、法、史、教和艺术十一大学科门类，

设有31个学院、97个本科专业、4个博士学位授权一级学科，现有教授、副教授等高级专业技术人员1012人。近年来，HST大学在艾瑞深校友会网和武书连的中国大学排行榜中排第150名左右。A学院是HST大学下属的人文社会科学学院，下设3个系、5个本科专业，现有教职工49人（以2017年工资发放名单为准）。2016年，HST大学根据《关于印发事业单位工作人员收入分配制度改革方案的通知》（国人部发〔2006〕56号）、《关于省直事业单位实施绩效工资的意见》（豫政办〔2011〕136号）等制订和实施了《校内绩效津贴分配实施方案（试行）》（以下简称《方案》）及其配套文件与实施细则。A学院也制定了相应的《绩效津贴分配方案》，详细规定了对教学科研岗位和管理岗位的保障性绩效津贴、教学和科研条件、科研业绩计分、教学工作量计算、竞争性绩效津贴分配公式及职级分数等。与此同时，HST大学和A学院还制定和下发了《学科提升计划实施意见》《教职工年度考核暂行办法》等，开展了专业规划、学科建设、团队发展、职称评聘、业绩考核等相关工作。

按照文件要求，此轮分配方案改革旨在"充分调动各类人员特别是广大教师的积极性和创造性，提高教育教学质量和科学研究水平"。校内绩效津贴分配的基本原则是"以岗定薪、责薪一致、按劳分配、优劳优酬、统筹兼顾、保障公平、两级管理、规范分配"，重点向教学科研一线岗位倾斜，向为学校发展作出突出贡献的人员倾斜。校内绩效津贴由 3 个部分组成：①保障性绩效津贴，是对完成工作职责前提下的基本收入保障，以学院为单位进行核算。②竞争性绩效津贴，是对教学、科研、管理和服务业绩的弹性报酬，以学院为单位进行核算。③激励性绩效津贴，是对高层次教学科研业绩的奖励，以学校为单位根据实际完成情况发放，同时折算一定分值计入学院层次的竞争性绩效。具体来说，保障性绩效工资包括在岗津贴、保障性教学津贴、保障性管理津贴、管理补贴等；竞争性绩效津贴包括竞争性科研津贴、竞争性教学津贴、竞争性管理津贴、学业导师和课外素质教育专项津贴等；激励性绩效津贴包括高层次教学与科研成果的奖励。

管理实践中的绩效工资核算公式涉及在岗津贴、教学工作量、科研津贴、管理津贴及职称系数等要素。绩效工资的基本结构和核算情况如表 6-1 所示。该公式的相关说明如下：①在岗津贴针对教学科研岗位、管理岗位、工勤岗位等不同序列，例如，教学科研岗位的津贴等级为从最低的 12 级至最高的 2 级，相应的津贴额度为 800~4800 元/月。②教学工作量以时长 45 分钟的 1 节课为基准单位，考试监考、论文指导、实习指导等工作都要折算为教学工作量。③职称系数根据职称等级和工作年限设置，讲师、副教授、教授的职称系数起点分别为 1.20、1.40、1.60，工作年限每增长一年则职称系数增加 0.02。④保障性管理津贴和竞争性管理津贴主要针对管理和德育人员，管理补贴主要针对兼任院系行政职务的教学科研人员。① ⑤竞争性科研津贴由所属学院进行核算,先根据教学科研成果的等级和数量计算总分,然后根据学院所得绩效工资总额换算成金额。⑥激励性科研津贴又称高层次奖励,由学校依据相关文件直接规定奖励计算方式或金额。

表 6-1 HST 大学绩效工资的核算公式

绩效工资总量核算公式	示例:A26(教学科研岗、副教授)
绩效工资总量 = 在岗津贴+教学工作量×职称系数×(保障性教学津贴单价+竞争性教学津贴单价)+学业导师与课外素质教育专项津贴+保障性管理津贴+竞争性管理津贴+管理补贴+竞争性科研津贴+激励性绩效津贴	151563.74 = 30000.00 + 297.72 × 1.46 × (20.92+9.00)+956.02+0+0+1800.00+20302.36+85500.00

绩效工资改革的基本导向是运用绩效分值权重的差异化设计来强调科研成果,尤其是高层次成果。第一,科学研究的绩效价值远高于教育教学,通过高层次奖励所得的绩效工资更是教育教学难以企及的。例如,2017 年,A 学院教学科研人员的教学工作量均值为 549.8 课时,中位数为 494.0 课时,按照讲师的职称系数 1.2 来计算,相应的教学绩效工资分别为 19740.0 元和 17736.6 元;同期每篇 CSSCI 论文对应的科研绩效工资为

---

① HST 大学《校内绩效津贴分配实施方案(试行)》规定,学院及研究机构的管理人员可以自行选择教学科研岗位或管理岗位,但不能同时享有两种岗位的绩效津贴。若选择教学科研岗位,则每年按照正处级 8000 元、副处级 6000 元补助管理补贴。实际上,大多数院长、副院长选择了教学科研岗位并且获得管理补贴。他们大多以教学科研岗位为起点晋升到管理岗位,拥有较多的教学课时与科研成果,选择教学科研岗位可以获得相对较高的绩效工资。

18046.5元，每项资助额度为20万元的国家社科基金一般项目对应的高层次奖励为9万元。也就是说，一篇CSSCI论文的绩效价值几乎等同于全年教学工作，一项国家社科基金项目的绩效价值则是全年教学工作的5倍左右。第二，高档次科研成果的绩效价值远高于低档次科研成果，奖励额度随着成果档次的提升而呈现边际效应递增趋势。例如，社会科学类论文的档次从高到低依次是《中国社会科学》、一级学科顶尖期刊、重要期刊、CSSCI期刊、中文核心期刊，相应的绩效价值分别是10万元、3万元、2万元、1.2万分、0.1万分；自然科学类论文的档次从高到低依次是顶级杂志（*Science*、*Nature*等）、SCI一区、SCI二区、SCI三区、中文核心期刊，相应的绩效价值分别是50万元、7万元、4万元、2.5万元、0.1万分。科研项目的绩效价值计算需要考虑项目等级、入校经费和奖励比例，项目等级越高则奖励比例越高。例如，社会科学类的国家级、省部级和地厅级项目分别按照"入校经费×45%""入校经费×15%""入校经费×10%"的计算方式进行奖励，而且仅有省部级以上项目的结项享有额外奖励。

（三）科研产出：数量与档次的变化

科研产出的变化包括数量与档次两个维度。关于"档次"的说法有两点需要说明：第一，在当前科研管理实践中普遍存在学术论文的等级差别，不同级别的论文在绩效管理、职称评聘等方面予以区别对待。第二，档次与质量密切相关但不能等同于质量，论文质量的判断应该综合考虑期刊档次、转载、被引、下载、同行评议等因素。

1. 学院层次的科研产出

按照 HST 大学现行的政策文件，期刊论文分为 5 个档次：①权威——顶级/一级。②权威——重要/二级。③CSSCI。④中文核心。⑤一般 CN。权威期刊的认定以 HST 大学现行《顶级期刊认定（暂行）》为准，CSSCI 以南京大学《中文社会科学引文索引》为准，中文核心以北京大学《中文核心期刊要目总览》为准。科研项目分为 3 个档次：①国家级。②省部级。③地厅级。国家级项目主要包括国家社会科学基金和国家自然科学基金的系列项目，省部级项目主要包括教育部人文社会科学研究项目、省社会科学规划项目、省政府决策招标项目、省科技厅软科学项目等，地厅级项目主要包括教育厅人文社会科学研究项目、省社科联调研项目、市社会科学规划项目等。2010—2018 年 A 学院的科研成果情况如表 6-2 所示。

表 6-2　2010—2018 年 A 学院的科研成果情况

年份	论文			著作		项目		
	权威	C 刊	核心	重要	一般	国家级	省部级	地厅级
2010	0	5	6	0	3	0	2	20
2011	0	2	11	3	1	0	6	25
2012	0	7	10	0	1	1	4	35
2013	1	6	16	3	0	0	3	33
2014	0	8	11	0	0	0	5	27

续表

年份	论文			著作		项目		
	权威	C刊	核心	重要	一般	国家级	省部级	地厅级
2015	0	11	8	0	1	2	4	29
2016	2	8	4	0	1	4	2	14
2017	0	9	4	1	3	4	8	7
2018	1	9	4	3	2	1	2	9

注：①每年科研成果统计是在12月进行，统计周期是上年12月1日至当年11月30日。例如，2017年科研成果的时间为2016年12月1日至2017年11月30日。②严格意义上来说，科研项目并非成果，而是研究课题及其资助计划。但是目前的科研管理实践通常都将其视为成果，并作为科研绩效的考核内容和绩效工资的给付依据。

从数量维度的变化情况来看，学术论文和科研项目的总量有所下降。但是CSSCI论文和国家级项目有上升趋势，核心论文和地厅级项目有下降趋势，著作和省部级项目相对稳定（个别年份偏高）。其中，CSSCI论文上升后稳定在每年10篇左右；国家级项目连续两年达到4项的顶峰但并不稳定；核心论文从最高的每年16篇降至4篇；地厅级项目从最高的35项降至7项。从档次结构的变化趋势来看，无论是学术论文还是科研项目都表现出明显的提升趋势。学术论文的档次变化是从核心期刊转向更高层次的CSSCI期刊。2013年，核心期刊论文达到顶峰，为16篇，但在2016年和2017年均低至4篇；CSSCI期刊论文从2014年前的年均5.6篇升至年均10篇左右；最明显的是CSSCI期刊论文和中文核心期刊论文比例的变化，CSSCI期刊论文逐渐占据比例优势，从最低时期的1∶5左右扭转为2∶1左右。但是，学术论文总体档次的提升主要归因于核心论文的减少而不是 CSSCI 论文和权威论文数量的提升。换句话说，论文档次的提升是以底层论文较少为代价的。科研项目的档次变化是从地厅级转向省部级与国家级项目。国家级项目呈增多趋势，最多的年份达到 4 项；省部级项目相对稳定，仅有个别年份数量较多；地厅级项目则明显减少，从顶峰的 35 项减少至 7 项；2016 年以前，地厅级项目一直占据较大比例优势，但此后则逐渐减弱。

2. 个人层次的科研产出情况

个人的科研产出模式在数量和质量上是否有所提升？表 6-3 列出了学院成员 2011—2018 年的科学产出情况，已经离任且无发表记录者不包括在内。表中所示的"核心"是核心期刊及以上档次论文的总量，即核心期刊数量+CSSCI 论文+权威论文，"C 刊"是 CSSCI 期刊及以上档次论文的总量，即 CSSCI 论文+权威论文，二者的比例关系可以体现科技人员的论文发表的档次结构情况。

表 6-3 2011—2018 年学院成员的论文发表情况

档次	2011 年		2012 年		2013 年		2014 年		2015 年		2016 年		2017 年		2018 年	
	C刊	核心	C刊	核心	C刊	核心	C刊	核心	C刊	核心	C刊	核心	C刊	核心	C刊	核心
A01																
A02	0	1	0	0	0	0	0	1	0	0	0	0	0	0	0	0
A03																
A04																

续表

档次	2011年 C刊	2011年 核心	2012年 C刊	2012年 核心	2013年 C刊	2013年 核心	2014年 C刊	2014年 核心	2015年 C刊	2015年 核心	2016年 C刊	2016年 核心	2017年 C刊	2017年 核心	2018年 C刊	2018年 核心
A05																
A06																
A07	0	0	2	2	0	0	0	1	0	0	1	1	0	0	0	0
A08	0	0	0	0	0	1	0	0	0	0	0	0	0	0	0	0
A09																
A10	0	1	0	2	0	0	0	0	1	1	1	1	0	0	0	0
A11	0	1	0	2	0	0	0	1	0	1	0	0	0	0	0	0
A12	0	1	0	0	0	0	1	1	1	1	0	0	1	1	2	2
A13	0	0	0	0	0	3	2	4	3	3	0	0	0	0	0	0
A14																
A15																
A16	0	0	0	0	1	2	2	3	0	1	0	0	0	0	0	1
A17	0	0	0	0	1	1	0	0	0	0	3	3	0	0	0	0
A18	0	0	0	0	0	0	0	0	0	0	0	0	0	2	0	0
A19	0	0	0	0	0	0	0	0	0	0	0	0	0	1	0	1
A20	—	—	—	—	—	—	—	—	—	—	0	0	1	1	0	0
A21	—	—	—	—	—	—	—	—	—	—	—	—	0	0	1	1
A22	0	0	0	2	0	2	0	0	0	0	0	0	1	1	1	2
A23	1	1	0	0	0	0	0	0	0	0	0	0	0	1	1	0
A24	0	0	0	0	1	2	0	0	0	0	0	0	0	1	1	2
A25	0	0	1	1	0	3	0	0	0	0	0	0	0	0	0	0
A26	0	1	1	1	0	0	0	1	1	1	0	0	0	1	1	1

续表

档次	2011年 C刊	2011年 核心	2012年 C刊	2012年 核心	2013年 C刊	2013年 核心	2014年 C刊	2014年 核心	2015年 C刊	2015年 核心	2016年 C刊	2016年 核心	2017年 C刊	2017年 核心	2018年 C刊	2018年 核心
A27	0	0	0	0	0	0	1	1	1	3	1	1	2	2	1	1
A28	1	2	0	1	0	0	0	1	0	0	0	0	1	1	0	0
A29																
A30	0	1	0	2	0	1	0	0	0	0	1	1	0	0	1	1
A31	0	0	0	0	0	0	0	0	0	0	0	1	0	0	0	0
A32																
A33																
A34	0	0	0	0	0	0	0	0	0	0	0	1	0	0	0	0
A35	—	—	0	0	0	4	1	3	0	1	1	1	0	0	0	0
A36					0	0	0	0	2	0	0	0	0	0	0	1
A37	—	—	—	—	—	—										
A38	0	1	0	0	0	0	0	0	0	0	0	1	0	0	0	0
A39			0	0	0	0	0	0	0	0	0	1	0	0	0	0
A40	—	—	—	—	0	0	0	0	0	0	1	1	0	0	0	0
A41	—	—	—	—	—	—	0	0	0	0	1	1	1	1	1	1
A42	—	—	—	—	—	—	—	—	—	—	—	—	—	—	—	—

注：表格中的"—"表示该人尚未任职或已经离职。没有任何核心档次以上论文的发表记录保留空白状态。

上述数据表明，A学院多数人的产出模式相对稳定，极少数人的产出数量与档次有所提升。具体表现：①A01、A03、A04、A05、A06、A09、A14、A15、A29、A32、A33、A37、A42这13人从未发表任何核心期刊及以上档次的论文，A02、A08、A11、

A18、A19、A31、A34、A36、A38、A39 发表过核心期刊论文却从未发表过 CSSCI 期刊及以上档次的论文。②A07、A12、A13、A17、A20、A21、A23、A24、A26、A27、A40、A41 发表的论文档次结构相对较高，他们发表的论文中 CSSCI 论文比例超过一半，但是 A20、A21、A40 中 3 人仅有一次发表记录。③除了 A13、A16、A17、A25、A27、A35 的多数有发表记录者，每年发表的核心级别以上论文数量不超过 2 篇，除了 A13、A17，所有人每年发表的 CSSCI 级别以上论文不超过 2 篇，而且相对高产者的发表记录大多存在年份间断。④A10、A22、A27、A28、A30、A35 的论文档次有所提升，但除了 A10、A27，其他 4 人并无稳定表现。⑤A17、A19、A20、A21、A27、A31、A34、A39、A40、A41 的论文数量有所提升，其中仅有 A27、A41 的表现相对稳定。⑥A02、A08、A11、A13、A25 在 2016 年后再无发表记录，其中 A11、A13、A25 下降趋势较为明显。⑦近年有职称晋升经历的 A13、A16、A25 等人在晋升前都有一个发表文章高潮，晋升后则迅速跌落。总体来看，多数学院成员的产出模式相对稳定，绩效工资改革前后没有发生明显的数量增加与档次提升。这意味着学院成员在长期的学术训练与教学科研中形成了较为固定的思想观念、价值取向、人力资本和科研习惯，使其科研产出的频率、数量、质量相对稳定。绩效工资一方面难以通过物质激励骤然打破已有科研产出模式，另一方面也没有提供突破现有科研产出模式的手段或路径，因而难以改变大多数人的科研产出模式。其他学者也有类似的发现。例如，Jorgensen 和 Hanssen（2018）发现，研究产出的数量与质量主要随着技巧与努力提升，而不取决于薪资水平、教学责任、休闲时间等因素。李锋亮、王云斌、何光喜（2016）也指出，高校教师是一个非常自觉的群体，外界的生活压力、工作压力、经费压力等并不会显著影响其学术产出。

（四）解析变化：绩效工资、职业晋升与业绩考核

从实验法的角度来看，A 学院的案例相当于一项实地实验，自变量与因变量分别是绩效工资与科研产出。我们需要在排除外部干扰因素的前提下判断绩效工资是否导致科研产出的数量与质量发生显著变化，并且阐释这些变化所蕴含的逻辑机理或因果机制。2011—2018 年，A 学院及其成员科研产出的主要变化是以低层科研成果减少为代价的档次提升。那么，如何解释科研业绩的明显变化，这些变化能否归因于绩效工资的激励效应？进一步来说，绩效工资制度隐含着 3 项基本预设：一是物质报酬假设，即科研人员非常重视自身脑力劳动与科研成果的物质报酬。二是制度敏感假设，即科研人员能够非常敏锐地感受到制度设置的变化情况，并且根据制度变化调整自己的策略与行动。三是科研能力假设，即在绩效薪酬激励之下，科研人员的自身能力足以支撑科研产出的数量增加与质量提升。这 3 项基本预设能否成立也值得检验。

一般来说，科研产出的影响因素主要涉及个体层次的性别、年龄、知识、技能、动机、习惯、社会资本及组织/管理层次的

资源、声望、考核、奖励、交流、晋升等。2011—2018年，A学院的教学科研队伍相对稳定，总人数维持在50人左右，每年新进和外流人员数量均不超过3人，科研队伍的稳定性使其难以解释科研产出的变化态势。从HST大学和A学院的制度设计与运行情况来看，科研产出的变化可能与绩效工资制度、考核制度和职称晋升制度存在关联。核心论文和地厅级项目减少及其引发的档次结构提升与现行绩效工资制度密切相关。这种变化不仅与绩效工资制度实施的时间点相吻合，更重要的是与绩效工资制度中的绩效价值设置及其引发的理性选择相匹配。根据HST大学现有绩效工资分配方案，学术论文和科研项目的等级越高，相应绩效奖励越多，CSSCI论文和核心论文的奖励额度差异极大，二者的分值比例高达12∶1。这两类期刊的刊物数量、质量标准却没有如此悬殊的差异。CSSCI期刊（2017—2018年）和北大中文核心期刊（2014版）分别有554种、759种期刊，二者覆盖范围存在较多重合。[①] 科研项目的情况与之类似。HST大学所在地的省哲学社会科学规划的一般项目、青年项目的资助额度均为2.0万元，绩效分值为2.0×15%+0.1=0.4万分（立项分值+结项分值）；市哲学社会科学规划项目的一般项目资

[①] CSSCI期刊（2017—2018年）纳入人文社会科学类期刊554种，北大中文核心期刊（2014版，新版未出）纳入人文社会科学类期刊759种。例如，社会学/人口学类的CSSCI期刊包括《社会学研究》《人口研究》《青年研究》等10种，中文核心期刊则有9种；法学类的CSSCI期刊包括《中国法学》《法学研究》《法学评论》等23种，中文核心期刊则有27种；综合性人文社会科学类的CSSCI期刊共有118种（综合社科期刊48种，高校综合性学报70种），中文核心期刊则有114种。

助额度为 0.1 万元，绩效分值为 0.1×10%+0=0.01 万分（仅有立项分值）。从这些数据的比较来看，在现行绩效工资制度下发表核心论文和申报地厅级项目几乎成为有悖经济理性的"不划算"行为。对于普通科技人员，尤其是年轻人来说，核心论文和地厅级项目是科研职业的起点，既是科学研究和论文写作的起步阶段，也是发表高级别论文和申报省部级以上项目的基础，其绩效价值被贬低并不合理。

职称晋升也是论文/项目档次提升的潜在动力之一。当前，中国科技人员的职业晋升主要有技术职称晋升、行政管理职务晋升和人才选拔晋升 3 条路径，其中技术职称晋升是最基础、最重要的晋升路径，它与科技人员的学术地位、社会声望、薪酬福利、资源分配等密切相关。许多学者也认为职称晋升竞争中所蕴含的锦标赛机制对科技人员形成了强有力的激励。那么，是否该学院的职称晋升标准明显提高、竞争形势越发严峻导致了论文/项目的档次提升呢？研究发现，HST 大学目前仍然沿用 2009 年制定的《教师（实验人员）中、高级专业技术职务任职资格申报、推荐和评审条件》，专业技术职务评聘的资格或标准并未提高，而且 CSSCI 论文和中文核心论文都可以作为任职资格标准之一，前者的数量要求仅略低于后者。人文社科类副教授论著发表的大致要求是 3 篇 CSSCI 论文、4 篇中文核心论文、著作加 3 篇中文核心论文等 3 项条件任选其一。教授则要求 6 篇 CSSCI 论文、8 篇中文核心论文、著作加 6 篇中文核心论文等 3

项条件任选其一。从职称晋升的形势来看，A 学院现有人才队伍的总量和结构相对稳定，近年来的晋升指标保持在每年 1 个左右，每年新进人员为 1~2 个且存在青年人员流失问题，竞争形势并未发生较大变化。相对稳定的职称晋升标准和形势难以解释论文与项目结构的明显变化。核心论文在职称晋升中业绩价值较为坚挺与核心论文数量的下降态势相悖，这从侧面印证了绩效工资对核心论文数量的影响。

业绩考核分为年度考核和科研业绩考核两类。《HST 大学教职工年度考核暂行办法（2017）》规定："年度考核要以聘用合同和岗位职责为基本依据，以工作实绩为重点内容，以服务对象满意度和平时考核为基础，内容包括德、能、勤、绩、廉五个方面。"年度考核一般需要科技人员汇报所参与的课题、教学等专业技术工作，论文、著作、技术发明等专业技术成果，并对该年度的总体情况、现有问题和未来发展进行个人总结。年度考核的实施责任归于下属学院，一般是在系或专业内部通过汇报和评比，分为优秀、合格、基本合格、不合格 4 个等级，然后上报学院并进行公示。在年度考核具体实践中，绝大多数人的考核结果处于优秀、合格两个档次，仅有极少数人的考核结果是基本合格或不合格。例如，2017 年 HST 大学教学学院、管理后勤等部门年度考核中优秀档次 632 人，基本合格 3 人，不合格 2 人，未参加考核 12 人，其余为合格；2015 年度考核结果中优秀档次 527 人，合格档次 2631 人，基本合格 7 人，不合格

1人，未参加考核10人。因此，年度考核的标准和结果都是极为宽松的，难以解释学术论文与科研项目的档次变化。在科研业绩考核方面，A学院制定的《专技人员保障性绩效津贴教学和科研条件》《科研业绩计分办法》对于科技人员的考核任务量仅有下限约束。科研业绩考核以3年为一个周期，考核期内教授（2~4级）的科研条件是26~30分，副教授（5~7级）的科研条件是18~22分，讲师（8~10级）的科研条件是11~15分；CSSCI论文、中文核心论文、一般C论文的分值分别是20分/篇、8分/篇、2分/篇，省社科规划一般项目、地厅级社科项目分别为20分/项、6分/项。由于年限较长、标准较低，大多数人达成考核任务的下限相对容易，即便没有高级别成果也可以通过低级别成果的数量累积来实现。下限约束、难度偏低的科研业绩考核也难以形成充分的科研激励，同样不足以解释学术论文与科研项目的变化情况。

引人关注的是，绩效工资改革所期待的高层次论文并未大量、稳定出现，而是集中在中间层次的CSSCI论文，CSSCI论文大都发表在影响力偏低、较为边缘化的CSSCI期刊。这一现象的首要原因是绩效工资制度虽然为高层次论文提供了高强度的激励，但是没有充分改善团队合作、创新氛围和组织环境，难以打破现有成员的能力"瓶颈"和科研习惯，导致高层次论文和相应高额奖励对绝大多数人来说都是"可望而不可即"的。其次，基于奖励额度、成功率和期望收益的理性思考表明发表

CSSCI 论文是符合经济理性的。此处理性思考的数学公式是"期望收益=奖励额度×成功率"。按照《方案》及相关文件，一级权威期刊、二级权威期刊、CSSCI 期刊、中文核心期刊的奖励额度分别为 3 万元、2 万元、1.2 万分、0.1 万分，相应的期刊数量分别为 24 种、108 种、554 种、759 种，实际发表难度的等级大致是极高、很高、略高、一般。综合考量奖励额度、期刊数量和实际发表难度等因素可以判断：①高层次论文奖励额度高，但是成功率极低，对应的期望报酬很低。②核心论文成功率相对较高，但是奖励额度太低，对应的期望报酬也很低。③CSSCI 论文成功概率略低于核心期刊却远高于高层次论文，奖励额度远高于核心期刊却低于高层次论文，对应的期望报酬最高。进一步的理性思考是，既然一般甚至较差的 CSSCI 期刊与优秀的 CSSCI 期刊奖励额度相同，那么就选择一般甚至较差的 CSSCI 期刊。这是一种典型的与制度设计初衷相悖的非预期后果。绩效工资制度的初衷是运用经济利益激励科技人员积极性，并通过边际效应递增机制诱发高质量的科研产出，从而推动集体或组织的良性发展；制度实践中却出现了经济理性未能有效激励科研产出，而且产出层级集中于中低层级的现象，反而不利于集体或组织的良性发展。其本质是经济思维压倒学术思维，个体理性压倒集体理性。绩效工资诱发的个体经济理性膨胀及其对内在动机的侵蚀值得警惕。

综上所述，绩效工资改革显然是 A 学院科研产出档次与数量变化的主要原因，尽管它所扮演的角色不尽如人意。对于绩效工资制度隐含的3项基本预设，我们可以判断物质报酬假设和制度敏感假设基本能够成立，而科研能力假设却难以获得支持。那么，如何扭转这种局面呢？突破激励乏力和道德风险问题的关键是科研能力的建设和提升，在现行绩效工资制度下特指通过创造高级别科研成果而获得激励标的物的能力。科研能力是制度设计和激励效果之间的中介，它能够改变预期收益和理性决策。如果科研能力一般甚至偏低，创造高级别科研成果的成功率会随之降低，相应的预期收益也随之降低，发表中低层级的科研成果成为最优策略；如果科研能力相对较强，创造高级别科研成果的成功率及其预期收益都随之升高，发表较高层级的科研成果可能成为最优策略。在个体人力资本与科研习惯相对稳定的情况下，团队合作可能是提升科研能力最可行的措施。团队合作具有知识共享、经验交流、分工协作、监督激励等多重效应。A学院在学术论文和科研项目上的正反表现也是很好的证据。A学院在学术论文创作上尽管存在名义上的教学团队和研究团队，但绝大多数的论文是以独著形式发表的[①]，中高层次的论文乏善可陈。但在科研项目申报方面，A学院不仅有学院层次的集中性经验分享、申报书汇报讲评，而且有小

---

① A学院的学术论文绝大多数以独著形式发表，有其制度根源。2016年以前，人文社科类的科研评价与职称晋升要求署名情况必须为"独著"，2016年以后的相关文件则调整为"独著或第一作者"。例如，2016年《HST大学校内绩效津贴分配实施方案（试行）》明确规定："本办法计算的教学研究及科学研究业绩主要包括我校为第一承担单位和第一承担人完成的科研项目、科研成果等内容。"

组层次的面对面的、逐字逐句的申报资料审核修改，近年来在国家级科研项目方面有所突破。

（五）小结

本研究以 HST 大学 A 学院为例研究了绩效工资与科研产出的关系问题。HST 大学设计了以强调科研、强调质量为基本导向的绩效工资制度，绩效价值设定中存在与质量层级相关的边际效应递增特征。绩效工资强有力地提升了科研成果的档次结构，但却引发了基于经济理性的道德风险问题。绩效工资本来是要激励科技人员创造更多的、质量更高的科研成果，结果却造成了科研成果的平庸化和低档次成果的减少。绩效工资也未能在个体层次上改变多数人的发表模式与科研习惯。所以，单独的绩效工资并不能强力改变科研模式、提升科研表现，它还需要一系列的组织与制度建设措施与之匹配。科研能力作为制度设计和激励效果的中介，能够通过改变预期收益和理性决策破解道德风险问题。团队建设则是打破人力资本瓶颈、改造既有科研模式、提升总体科研能力的关键路径。

作为一项案例研究，本课题的研究发现具有以下 3 个方面的外推价值：①从类别代表性来看，HST 大学所呈现的教学任务较重、科研能力较弱、团队建设不力、拔尖人才较少等特征是许多教学研究型大学的共同特点，可以作为此类大学的典型代表。②从个案拓展来看，HST 大学的绩效工资制度实践不仅反映了绩效工资制度在政策制定与管理实践中的预期效应与意外后果，也折射出经济转轨、社会转型和科技体制改革进程中体制、制度与机制的探索创新与困难挫折，医疗体制改革、科研院所改制等相似领域的改革过程亦有类似的表现与问题。③从证伪逻辑来看，HST大学的案例说明绩效工资作为一种激励措施未必能全面有效地激励科研领域中的组织成员，至少这种激励效应受到制度细节、管理实践、个体能力、理性选择等要素的限制。

科学界的绩效工资改革应该走向何处？绩效工资的基本框架是在工资总量不变的情况下调整内部的工资分配结构，通过物质报酬来激发科技人员的积极性。从理论分析来说，这一思想框架有一定的合理性。一是绩效工资已经在经济管理领域得以广泛实施并且获得绩效收益。二是根据普赖斯关于论文生产的逆二次幂定律（即发表n篇论文作者的人数与$1/n^2$成正比），多数科学成果是由少数高产者创造的。三是当前中国科技人员的工资水平偏低、生计压力较大，对于物质报酬有迫切需求。但是，绩效工资制度在实践过程中存在绩效工资比例偏高、绩效成果赋值不当等问题，这不仅遭到科技人员固有的教学科研习惯的抵抗，还遇到经济理性和道德风险引发的偏转甚至扭曲，因而未能达成预期的激励效应。这提醒我们应该结合当前中国的科研生态、制度设置、群体特征与思想动向，有针对性地改革和调整现有的绩效工资制度及其配套措施，力求达成经济效益与科研效益的双赢。尽管HST大学绩效工资制度的管理实践与激励效果不尽如人意,但是也为我们思考制度创新如何推动科技创新的问题提供了灵感和启发。有效的激励制度应该充分考虑当前中国独特的社会结构与科研生态,兼顾科研活动蕴含的生计、事业、兴趣等属性,形成合理化的预期收益水平与层次结构,从而引导和推动科研产出数量增长与质量提升。

二、科技体制改革如何影响收入分配

近年来,教师、科学家等科技人员的薪资待遇问题引发了中国社会各界的广泛关注和热烈讨论。研究发现,科技人员收入分配相对平均,收入水平受人力资本、管理职务、科研产出、地域差异等因素的影响,学科类别、机构层次乃至国家学术系统对收入分配具有调节效应(李廉水、崔维军,2009;阳毅、杨春瑰、崔维军,2010;沈红、熊俊峰,2013;赵万里、穆滢潭,2014;余荔、沈红,2017;石长慧、李升,2017;Hamermesh and Pfann, 2012; Hilmer and Hilmer, 2012; Fender and Taylor, 2015; Jin and Cho, 2015; DeFraja, Facchini and Gathergood, 2016; Gibson, Anderson and Tressler, 2017; Gibson and Burton-McKenzie, 2017; Angermuller, 2017; Sandnes, 2018; Prakhov, 2019)。这些研究成果偏重从个体特征和组织特征分析收入状况与影响因素,却忽视了宏观体制改革与制度变迁对收入分配的复杂影响,亦未充分考虑科技人员及其职业建制的特殊性。

科技人员的收入分配必须置于科技体制改革的视域展开讨论。自 1985 年以来，中国开始启动并持续推进系统化、阶段性的科技体制改革，改革方向是调整和转变与高度集中的政治经济体制相匹配的计划科学体制，建立和健全与社会主义市场经济相适应的科技体制（方新，2012；曹聪、李宁、李霞，2015；马名杰、张鑫，2019）。科技体制改革覆盖组织体系、规章制度、管理方式和运行机制，涉及经费分配、院所改制、产学研合作等内容，几乎重新塑造了科技领域的整体生态环境，对科技人员的收入分配产生了深远影响。转变单位性质与管理体制、提高经营管理自主性、放松人事管理、鼓励产学研合作等举措更是直接影响到科技人员的收入水平、收入结构和收入回报率。

本研究的核心问题是：科技体制改革如何影响科技人员的收入分配？本研究运用 2014 年中国劳动力动态调查数据（CLDS）和分位数回归模型分析科技人员的收入水平、影响因素及其作用机制，讨论人力资本、政治资本、市场化等变量对收入水平的影响，探究市场化导向的科技体制改革对收入回报率的复杂效应，比较科技人员与其他劳动者的收入分配差异，揭示科技人员收入分配的现有模式与逻辑机理，以期提高各级政府及科研管理部门相关工作的目的性、合理性与运作效率，为制定和完善科学合理的科技政策、人才政策和发展战略提供决策依据。

（一）科技体制改革与收入分配变化

1. 科技体制改革对收入分配的影响：组织层次与个人层次

市场化是中国科技体制改革的基本导向。从总体导向来看，科技体制改革的基本导向是建立与社会主义市场经济相匹配的科技体制。从科技体制改革之初的"经济建设必须依靠科学技术、科学技术工作必须面向经济建设"（1985年），"初步建立适应社会主义市场经济体制和科技自身发展规律的科技体制"（1995年），到近期的"充分发挥科技在转变经济发展方式和调整经济结构中的支撑引领作用"（2012年），"适应和引领经济发展新常态、加快创新型国家建设步伐"（2015年），市场化导向始终坚持不变且随着经济发展态势而动态调整、逐步深化。从具体措施来看，个体和组织层次的改革举措都紧扣市场化主题。无论是放松从业人员的人事管理、鼓励产学研合作，还是推动单位组织改制、落实市场地位和法人地位、提升经营管理自主性等政策措施，皆是如此。

市场化导向的科技体制改革在组织层次和个人层次上对科技人员的收入分配产生了深刻影响。组织层次的首要变化是单位性质的市场化与多元化。除了市场经济改革创造了外资、私营、股份制等众多非公有制单位，科技体制改革亦鼓励和推动科研院所转制、新建科研与服务机构、鼓励组织间协同与链接，从而推动了从业人员任职单位性质的多元化。其中，最为典型的举措是科研院所改制，它将大部分技术开发类科研院所及其从业人员整建制地推向市场。科研院所改制经历了较长时间的酝酿和摸索,改革重点从早期的经费拨款、管理运营转到后期的产权/所有制调整与建立现代企业制度。1999年,国家经贸委管理的10个国家局所属科研机构进行了企业化转制试点。此后,国务院相继发布了《关于深化科研机构管理体制改革的实施意见》(国办发〔2000〕38号)、《关于深化转制科研机构产权制度改革若干意见的通知》(国办发〔2009〕9号)等,进一步指导、推动和落实科研院所转制进程。经过科研院所转制,全国研究与开发机构数量从1994年的5800多所降到不足4000所,近年来稳定在3600多所;研发人员全时当量从1994年的25.7万人年降至2004年的20.3万人年,此后,随着研发人员数量增加而上升到40.6万人年。根据2014年中国劳动力动态调查数据,既有超过半数的科技人员任职于体制内的党政机关、事业单位、国有集体企业,也有相当一部分科技人员任职于体制外的外资、股份制、私营等组织单位;与全体劳动者相比,科技人员任职于体制内单位的比例相对较高。单位性质多元化造成了业务导向、经营状况与财务状态各有差异,进而对从业人员的收入状况产生不同影响。

与单位性质转变相伴而生的重要变化是单位经营管理的自主性明显提升。原有计划科学体制强调行政体系内部的计划管理、协作攻关,单位的自主性相对较弱(李真真,1995;钱斌,2010)。科技体制改革从一开始就提出"克服单纯依靠行政手段管理科学技术工作，国家包得过多、统得过死的弊病"，强调"使科学技术机构具有自我发展的能力和自动为经济建设服务的活力"，一方面要通过科技规划、科技战略和科技政策加强宏观管理；另一方面通过下放经费、人事、组织等管理权限来改善微观管理。因此，高等院校、科研院所、医疗机构等相关单位都拥有了独立的市场主体地位和法人地位。独立科研机构的改革举措最为典型。《关于科学技术体制改革的决定（1985）》提出："除国家委托的研究课题，以及由上级任命或聘任的院、所长之外，计划、经费、人事的管理和内部的组织结构等，都由研究机构在国家法令规定范围内自主决定。"《深化科技体制改革实施方案（2015）》进一步明确规定："完善科研院所法人治理结构，推动科研机构制定章程，探索理事会制度，推进科研事业单位取消行政级别。"

组织层次的另一个重要变化是人员招聘、职业评价、薪酬管理等组织管理方式的市场化与趋同化。绩效工资制度的普遍推广就是典型的例子。绩效工资制度起初在经济管理领域被广泛实施，之后逐渐向外辐射至公共管理、科学研究等领域。2006年，党中央、国务院批准实施《事业单位工作人员收入分配制度改革实施办法》（国人部发〔2006〕59号），明确规定事业单位的工资结构由岗位工资、薪级工资、绩效工资和津贴补贴构成，强调绩效工资分配应以工作人员的实绩和贡献为依据、合理拉开差距。高等院校、医疗机构、科研院所等单位随之开始普遍推行绩效工资制度。与单位性质的多元化相比，管理方式的市场化发展更多表现为一种趋同化态势。

个人层次的主要变化是通过政策制度、法律法规与人事管理的调整，推动和激励科技人员广泛参与产学研合作事务，充分发挥专业知识技术的市场经济效益。这些变化可以分为两方面：一是放松任职单位的人事管理及其他约束或限制；二是鼓励开展多种形式的产学研合作。20世纪80年代，鉴于原有科技体制存在"对科技人员限制过多、人才不能合理流动、智力劳动得不到应有尊重"等问题，改革举措是鼓励科技人员以调离、辞职、停薪留职、兼职等方式参与企业创办、技术服务、成果转化等活动。20世纪90年代，在"稳住一头、放开一片"的指导思路下，改革重点是调整结构、分流人才。进入21世纪以来，这一领域的改革进程取得了突破性进展，标志性事件是2007年修订的《中华人民共和国科技进步法》及相关政策法案将财政资金或科技计划项目形成的发明专利授予项目承担者，从部门规章和法律上分别确认了财政资助的专利产权归属。① 新近的《深化科技体制改革实施方案（2015）》对创办企业、科研流动岗位、职务发明、成果转化、收益分配、绩效工资奖励、股权和分红激励等事项做出详细规定，进一步指导、推动和激

---

① 2007年修订的《中华人民共和国科技进步法》从法律上确认了财政资助形成的专利产权的归属，但是该项法律推动专利发明转化的实际效果存在争论。专利发明的转化问题受到科学研究与技术创新的隔阂、技术转移与交易的条件、成果企业技术的吸收能力、成果拥有者的转化动力等现实条件，以及科研评价、绩效工资、人事管理等一系列制度政策的约束。

励科技人员深度参与市场。

2. 科技人员的收入状况

在科技体制改革进程中，科技人员收入水平的变化情况如何？表 6-4 显示了 1978—2018 年城镇非私营单位的科学研究与工程技术人员、教学人员、医疗卫生人员的平均工资状况，并且区分了国有单位、集体单位和其他单位。第一，从三类人员的比较来看，科学研究与工程技术人员的收入高于医疗卫生人员，医疗卫生人员又高于教学人员。第二，从波动情况来看，国有单位和集体单位的工资水平波动很小，基本保持稳步上升的态势，而其他单位的工资水平从长期和短期来看波动较大。第三，从进一步的比较来看，不同群体工资水平的单位差异各有特点。对于科学研究与工程技术人员，国有单位、集体单位和其他单位的工资水平一直保持相对稳定的差距，等级顺序是其他单位>国有单位>集体单位。对于教学人员，国有单位和集体单位的工资水平一直保持较为稳定的差距，但是其他单位的工资水平从 20 世纪 90 年代到现在有较大变化，从前期占有工资优势跌落到近几年的工资劣势，当前的等级顺序是国有单位>集体单位>其他单位。对于医疗卫生人员，国有单位和集体单位的工资水平也保持较为稳定的差距，但是其他单位的工资水平从 20 世纪 90 年代到现在有较大变化，从前期的收入优势跌落到中间位置再到近期与集体单位基本持平，目前的等级顺序是国有单位>集体单位和其他单位。值得关注的是，最具市场化特征的其他单位的平均工资在不同群体中处于 3 种迥然不同的位置或状态，而非表现出与市场化特征保持一致的相似状态。总体来看，表 6-4 中数据的差异与变化充分体现了科技人员收入分配的复杂性。

表 6-4　1978—2018 年三类科技人员的平均工资

单位：元/年

年份	科学研究与工程技术人员			教学人员			医疗卫生人员		
	国有单位	集体单位	其他单位	国有单位	集体单位	其他单位	国有单位	集体单位	其他单位
1978	670	500	—	566	317	—	605	484	—
1980	853	571	—	722	433	—	751	618	—
1985	1268	1052	—	1184	779	—	1164	975	—
1986	1494	1286	—	1344	945	—	1376	1212	—
1987	1624	1319	—	1422	1033	—	1481	1296	—
1988	1935	1636	—	1764	1202	—	1793	1570	—
1989	2123	1710	—	1899	1352	—	1999	1774	—
1990	2411	1997	—	2134	1533	—	2263	1956	—
1991	2580	2120	—	2257	1689	—	2417	2135	—
1992	3130	2392	—	2732	1987	—	2883	2416	—
1993	3898	3474	—	3292	2539	—	3494	2935	—
1994	6212	4719	7882	4944	3548	8360	5276	4238	7051
1995	6835	6046	9678	5457	4291	8968	6009	4890	8668
1996	7984	7206	13358	6161	4949	10172	6967	5603	11014
1997	8974	7749	14370	6810	4955	10017	7794	6294	11863
1998	10146	8116	14847	7537	5192	11687	8704	6883	15124
1999	11543	8771	15671	8590	5750	12871	9899	7826	16618
2000	13221	10434	20299	9599	5854	12027	11234	8521	17883
2001	16218	12137	19506	11591	7304	15951	13340	9638	17045

续表

年份	科学研究与工程技术人员			教学人员			医疗卫生人员		
	国有单位	集体单位	其他单位	国有单位	集体单位	其他单位	国有单位	集体单位	其他单位
2002	19006	12976	21017	13473	8036	17008	15281	10738	14548
2003	19975	14541	26061	14602	9308	16163	16922	11685	14102
2004	22976	15471	29346	16435	10542	18439	19310	12960	15145
2005	26309	19899	35154	18622	12724	19379	21760	14907	17499
2006	30023	23058	40707	21027	15338	23099	24298	17325	21225
2007	36456	24823	48861	25997	21010	27494	28719	20442	24600
2008	42643	29988	57827	29925	22645	31211	33075	24028	28831
2009	47277	33025	61697	34678	27515	32663	36575	27618	30579
2010	53235	37538	67716	39166	31486	35282	41112	32645	34672
2011	60316	47764	76446	43436	36355	38912	47185	37853	38803
2012	64206	46890	83362	47995	41061	43473	53653	43265	45020
2013	69501	52204	87590	52283	47610	47194	59200	48990	50173
2014	73844	56711	93884	56974	51166	51494	64631	54122	54309
2015	80409	58849	100210	67442	55810	55937	73490	57917	60027
2016	89093	66959	105510	75710	64833	59216	82522	63920	63362
2017	99164	75188	117092	84860	74102	66762	92796	70485	69649
2018	112775	85103	132685	93780	82160	79022	101168	78734	79240

注：表中数据来自历年《中国统计年鉴》中的城镇非私营单位就业人员平均工资数据。其中，"其他单位"包括股份合作单位、联营单位、有限责任公司、股份有限公司、港澳台商投资单位及外商投资单位等其他登记注册类型单位。科学研究与工程技术人员对应的是科学研究与技术服务行业，教学人员对应的是教育行业，医疗卫生人员对应的是卫生与社会工作行业。不同时期的统计口径和行业分类略有变化。

(二)文献与假设

1. 人力资本假设

科技人员的典型特征是拥有较高的人力资本水平,凭借专业知识与技术获得任职单位内部和外部的经济回报。随着市场转型进程的深化,专业知识技术及相应的产品与服务越发能够获得与其市场价值相匹配的经济报酬,科技人员也可以在愈加成熟的人才市场和日益激烈的人才竞争中实现人力资本增值,知识经济、创新创业等时代趋势与国家战略进一步强化了人力资本的增值态势,关于科技人员收入问题的经验研究支持了这一点(阳毅、杨春瑰、崔维军,2010;沈红、熊俊峰,2013;赵万里、穆滢潭,2014)。衡量人力资本的典型变量是年龄和受教育年限。值得说明的是,市场经济条件下年龄增长对收入水平的影响通常遵循倒 U 形曲线规律。据此提出假设 1:科技人员的人力资本具有显著的收入回报。a. 受教育程度越高,则其收入水平也越高;b. 年龄增长对收入水平具有倒 U 形影响。

2. 政治资本假设

随着党和国家的工作重心从"以阶级斗争为纲"转移到"以经济建设为中心",科技体制从高度集中的计划科学体制过渡到市场化的科技体制,科技人员的政治资本开始转向行政资本,从强调政治面貌与政治表现转变为强调管理职能与行政权力。中国共产党党员身份和管理职务的重要性呈现不同的变化曲线。社会与政治形势的转变,绩效管理制度的普遍推行,加上科技人员，尤其是体制内科技人员的党员比例相对较高，单纯的党员身份越发难以影响收入分配。但是，体制改革的渐进性特点使学者很难断言现阶段党员身份的影响力完全消失。经验研究发现，党员身份对科技工作者的收入具有显著的正向影响，尽管回报率随收入水平的提高逐渐下降（赵万里、穆滢潭，2014）。管理职务的重要性"变中有升"，一方面，科学基金制建立、专业组织非政府化、学术团体影响力增强等多项变化在分割和弱化资源分配、人事管理等行政权力；另一方面，政府对科技工作的重心转向宏观管理，高等院校、科研院所和企业等单位被赋予更多经营管理自主权。统一的、自上而下的国家行政权力对科技人员的影响范围和力度均有所降低，机构内部行政权力的影响力却有所上升（付连峰，2016）。研究表明，行政权力或管理职务对资源分配、科研产出、收入分配具有重要影响（阳毅、杨春瑰、崔维军，2010；何光喜、赵延东、杨起全，2014；马缨，2017）。衡量政治资本的典型变量是政治面貌和管理职务。我们推断政治面貌的经济回报虽有所减弱，但并未消失，管理职务的收入回报保持强势。据此提出假设2：科技人员的政治资本具有显著的经济回报。a. 拥有党员身份的科技人员收入水平高于非党员；b. 拥有管理职务的科技人员收入水平高于无管理职务者。

3. 市场化假设

市场转型论认为，从再分配经济向市场经济的转型导致权力基础从再分配官僚转移至直接生产者,进而导致人力资本的经济回报提高和政治权力的经济回报降低(Nee,1989,1996);权力变型论、权力维续论、政治市场论等接受市场转型推动人力资本增值这一论点,但在政治资本贬值问题上持有异议(Rona-Tas,1994;Bian,1996;Parish,1996)。改革开放以来,市场化进程存在省域市场化差异、城市市场化差异、劳动力市场与资本市场的市场化差异、组织市场化差异与区域市场化差异等多维差异(Nee,1989;Xie,1996;边燕杰、张展新,2002;郝大海,李路路,2006)。市场化改革中的区域差异、体制分割等因素对收入分配具有重要影响(边燕杰、张展新,2002;郝大海,李路路,2006;刘精明,2006;齐亚强、梁童心,2016;周扬、谢宇,2019)。

科技人员的市场化差异涉及区域、组织和个体三个层次。区域市场化差异是东部地区的市场化进程明显要比中西部地区更早开始、更为深入,这一层次的市场化差异主要来自宏观社会的渐进式改革而非科技体制改革。组织单位的市场化差异主要表现为体制外就业的市场化程度高于体制内单位,体制内国有集体企业的市场化程度高于机关事业单位,这一维度的市场化差异是科技体制改革与市场经济改革、单位体制改革等改革举措共同造成的。其中,科技体制改革鼓励和推动科研院所转制、新建科研与服务机构、鼓励组织间协同与链接等,推动了从业人员任职单位的市场化、多元化。个体层次的市场化差异指参与经营性活动的科技人员市场化程度高于未参与者。经营性活动既包括基于专业知识与技术的商业咨询、成果转化等产学研合作活动，也包括基于非专业资源的实体经营、金融投资等市场活动。科技体制改革通过政策制度、法律法规与人事管理的调整，推动和激励科技人员广泛参与产学研合作事务，充分发挥专业知识技术的市场经济效益。若干产学研合作的相关业绩如专利、横向课题等被纳入业绩考核和工资核算体系，非工资性收入亦越发成为个人总收入的重要组成部分。可以推断，在区域、组织和个体三个维度上更接近市场的科技人员将会获得更高的经济回报。据此提出假设3：市场化提高了科技人员人力资本和政治资本的收入回报率。a. 区域层次的市场化提高了科技人员人力资本和政治资本的收入回报率；b. 组织层次的市场化提高了科技人员人力资本和政治资本的收入回报率；c. 个体层次的市场化提高了科技人员人力资本和政治资本的收入回报率。

（三）数据、变量与模型

1. 数据与样本

调查数据来自中山大学组织实施的 2014 年中国劳动力动态调查项目（CLDS）。该调查以劳动者的职业经历与劳动状态为核心，涉及家庭出身、教育状况、职业历程与状态、社会认知等内容，覆盖专业技术人员、办事人员、商业服务业人员等劳动群体，为分析科技人员的收入分配及群体差异问题提供了数据支持。抽样方法是多阶段、多层次与劳动力规模成比例的概率抽样，抽样范围涉及 29 个省份（港澳台地区、西藏、海南除外），调查对象为样本家庭中 15~64 岁的劳动力。本研究从总样本中选取职业类别为专业技术人员的子样本，样本量为 1362 人。

2. 因变量与自变量

因变量是收入水平，即 2013 年科技人员个人收入总量，包括农业收入、工资收入、经营收入等。自变量包括：年龄和年龄平方项；受教育年限（未受教育=0，小学=6，初中=9，高中、中专、技校、职高=12，大专=15，本科=16，硕士=19，博士=22）；管理职务（分为管理人员和一般工作人员，以一般工作人员为基准组）；政治面貌（分为中国共产党党员和非中国共产党党员，以非中国共产党党员为基准组）；所在区域（分为东部地区和中西部地区，以中西部地区为基准组）；单位体制（分为体制内机关事业单位、体制内国有或集体企业、体制外单位，以体制内机关事业单位为基准组）；经营性活动（分为参与者和未参与者，以未参与者为基准组）等。控制变量包括性别（男性=1）、婚姻状况（已婚=1）、户口性质（农业户口=1）、职业类别（分为科学研究与工程技术人员、卫生专业技术人员、经管法业务人员、教学人员、其他专业技术人员，以卫生专业技术人员为基准组）、工作时间、工作努力等变量。主要变量的描述统计见表 6-5。

表 6-5 主要变量的描述统计

变量名称	变量取值	科技人员 百分比(%)	科技人员 均值(标准差)	全体劳动者 百分比(%)	全体劳动者 均值(标准差)
性别	男性	44.2	—	54.66	—
	女性	55.8	—	45.34	—
婚姻状况	已婚（初婚或再婚）	77.04	—	86.66	—
	其他	22.96	—	13.34	—
政治面貌	中国共产党党员	25.24	—	9.29	—
	非中国共产党党员	74.76	—	90.71	—
户口性质	农业户口	25.33	—	26.69	—
	非农户口	74.67	—	73.31	—
年龄	—	—	37.12 (11.15)	—	43.59 (12.78)
受教育年限	未受教育=0，小学=6，初中=9，高中、中专、技校、职高=12，大专=15，本科=16，硕士=19，博士=22	—	14.26 (2.84)	—	8.65 (4.42)
个人收入	模型中取其自然对数形式	—	50373.07 (56567.36)	—	30728.81 (82675.73)
所在区域	东部地区	46.70	—	42.70	—
	中西部地区	53.30	—	57.30	—
单位体制	机关事业单位	45.52	—	8.86	—
	国有集体企业	12.33	—	5.61	—
	体制外单位	42.14	—	85.53	—
经营性活动	有	91.78	—	52.45	—
	无	8.22	—	47.55	—
管理职务	管理人员	17.73	—	12.64	—
	一般工作人员	82.27	—	87.36	—

续表

变量名称	变量取值	科技人员		全体劳动者	
		百分比(%)	均值(标准差)	百分比(%)	均值(标准差)
工作时间	—	—	40.30(15.00)	—	43.69(22.15)
工作努力	—	—	8.93(1.27)	—	8.69(1.35)
职业细分类别	科学研究与工程技术人员	16.96	—	—	—
	卫生专业技术人员	12.63	—	—	—
	经管法业务人员	33.63	—	—	—
	教学人员	30.91	—	—	—
	其他专业技术人员	5.87	—	—	—

3. 分析策略与统计模型

分析策略：首先是分析年龄、受教育程度等人力资本变量，政治面貌、管理职务等政治资本变量，以及所在区域、单位体制和经营性活动等市场化变量对科技人员收入水平的影响，进而探讨市场化变量能否提升人力资本和政治资本回报率。其次是比较科技人员与办事人员、商业服务业人员、生产运输工人及整个劳动者群体的人力资本、政治资本收入回报率，探讨区域、组织和个体层次的市场化对各职业群体人力资本与政治资本回报率的不同影响。

统计模型：分位数回归模型。针对不同情况选用的统计模型略有差异：包含 0.1~0.9 多个分位数的回归模型，用于分析科技人员收入水平的影响因素，以及这些因素对不同收入层次的差别化影响；仅包含0.5分位数的分位数回归模型，用于比较科技人员、办事人员、商业服务业人员、生产运输工人，以及全体劳动者的人力资本、政治资本的收益率差异。

（四）结果与讨论

1. 收入水平的影响因素

科技人员人力资本、政治资本对收入水平的影响见表6-6。受教育年限在所有分位数回归模型中都对收入水平具有显著影响，其回归系数在不同分位点上变化相对较小，变动范围为0.052~0.078。年龄在多数分位数模型中都有显著影响，但是在不同分位点上影响程度存在明显差异，回归系数变化态势随着分位数的增高而递减。年龄对于低收入者影响最大，尤其是在10%分位数回归模型中系数高达0.123，但对于中高收入者影响力明显减弱，甚至局部不再显著。年龄平方在大多数分位数模型中都有显著的消极影响，意味着年龄对于收入水平的影响符合倒U形曲线。假设1a和假设1b获得经验证据的支持。

中国共产党党员身份和管理职务对收入水平的影响力差异悬殊。党员身份对收入水平没有显著影响，在所有分位数模型中皆如此。管理职务对收入水平具有重要影响，且随着分位数的提高呈增长态势，对于中高收入者的影响相对较大。以一般工作人员为基准，管理人员的回归系数在低收入群体中最高点仅为0.194，在中等收入群体中最高点上升至0.298，在高收入群体中最高点进一步提升至0.318。假设2a未能获得经验证据的支持，假设 2b 则获得支持。

表 6-6 科技人员个人收入的影响因素（基础模型）

影响因素	模型 (1) 0.1	模型 (2) 0.2	模型 (3) 0.3	模型 (4) 0.4	模型 (5) 0.5	模型 (6) 0.6	模型 (7) 0.7	模型 (8) 0.8	模型 (9) 0.9
受教育年限	0.052*** (0.017)	0.061*** (0.010)	0.061*** (0.010)	0.072** (0.030)	0.067*** (0.012)	0.070*** (0.008)	0.067*** (0.009)	0.078*** (0.010)	0.065*** (0.018)
年龄	0.123*** (0.028)	0.066*** (0.016)	0.036** (0.015)	0.046 (0.048)	0.049*** (0.019)	0.033** (0.013)	0.041*** (0.015)	0.038** (0.016)	0.024 (0.029)
年龄平方项	−0.001*** (0.000)	−0.001*** (0.000)	0.000* (0.000)	0.000 (0.001)	0.000** (0.000)	0.000* (0.000)	0.000** (0.000)	0.000* (0.000)	0.000 (0.000)
中国共产党党员	−0.076 (0.097)	0.048 (0.054)	0.067 (0.054)	0.011 (0.169)	0.013 (0.066)	−0.013 (0.047)	0.018 (0.053)	0.011 (0.058)	0.062 (0.103)
管理人员	0.080 (0.108)	0.164*** (0.061)	0.194*** (0.060)	0.250 (0.189)	0.298*** (0.074)	0.293*** (0.053)	0.303*** (0.059)	0.270*** (0.064)	0.318*** (0.115)
东部地区	0.252*** (0.082)	0.261*** (0.046)	0.308*** (0.045)	0.339** (0.142)	0.363*** (0.056)	0.344*** (0.040)	0.399*** (0.044)	0.364*** (0.049)	0.317*** (0.087)
体制外单位	−0.050 (0.107)	0.035 (0.060)	−0.033 (0.060)	−0.018 (0.187)	0.052 (0.073)	0.028 (0.052)	0.004 (0.058)	0.065 (0.064)	−0.028 (0.114)
国有集体企业	−0.151 (0.134)	−0.060 (0.075)	−0.035 (0.075)	0.007 (0.234)	0.075 (0.091)	0.070 (0.065)	0.089 (0.073)	0.145* (0.080)	0.043 (0.143)
经营性活动	9.557*** (0.160)	9.624*** (0.090)	9.710*** (0.089)	9.155*** (0.280)	0.886*** (0.109)	0.675*** (0.078)	0.343*** (0.087)	0.254*** (0.095)	−0.046 (0.171)
_cons	−3.539*** (0.661)	−2.218*** (0.371)	−1.379*** (0.368)	−0.917 (1.154)	7.572*** (0.450)	8.179*** (0.323)	8.389*** (0.360)	8.602*** (0.393)	9.612*** (0.704)
Obs.	1282	1282	1282	1282	1282	1282	1282	1282	1282
Pseudo R^2	0.5219	0.3771	0.2557	0.1354	0.1296	0.1378	0.1399	0.1453	0.1213

注：***、**和*分别表示 $p<0.01$、$p<0.05$ 和 $p<0.1$ 的显著性水平。

2. 市场化对收入回报率的影响

市场化进程对于受教育年限、年龄和管理职务的收入回报率的影响见表 6-7。区域维度的市场化对收入回报率没有显著影响。以中西部地区为基准，东部地区与受教育年限、年龄的交互效应在所有分位数模型中均无显著性，尽管回归系数呈由负转正的迹象。东部地区与管理人员的交互效应也在所有分位数模型中均无显著性，表明不同区域之间的管理职务的收入回报率大致相同。区域维度的市场化恐怕难以有效提升人力资本和政治资本的收入回报率。假设3a未能获得经验证据的支持。

组织层次的市场化对人力资本要素的收入回报率具有一定的消极影响，但对管理职务的收入回报率没有消极影响。以机关事业单位为基准，体制外单位与受教育年限的交互效应的回归系数多为负值，但仅在极少的分位点上具有显著性；国有集体企业与受教育年限的交互效应回归系数也多数为负值，但均无统计显著性。这表明，组织层次的市场化不仅没有提升受教育年限的回报率，反而在一定程度上降低了受教育年限的回报率。同时，体制外单位与年龄的交互效应仅在0.1和0.9两个分位点上具有边缘显著性，但回归系数随着分位数的提高而呈由负转正的趋势；国有集体企业与年龄的交互效应皆为负值，但是仅对低收入者具有显著的消极影响。这说明，组织层次的市场化也没有有效地提升年龄资历的收入回报率，而是仅出现了一点积极效应的苗头。体制外单位与管理职务的交互效应在所有模型中均无显著性，但国有集体企业与管理职务的交互效应在5个分位点上均具有显著的积极影响，尤其是在0.9分位数模型中回归系数高达0.758，因此管理职务在国有集体企业中获得最优的收入回报。对于政治资本的收入回报而言，组织层次的市场化并非越高越好，而是在中等程度上获得最高回报。假设3b不仅未能获得支持，而且面临着相悖的经验证据。

个体层次的市场化有助于提高受教育年限的收入回报率，但是会降低年龄和管理职务的收入回报率。经营性活动与受教育年限的交互效应在0.2、0.3、0.4、0.5、0.8的分位数模型中具有显著性，回归系数的最高点为0.390，这种积极效应对于中低收入者最为突出。经营性活动与年龄的交互效应在0.2~0.8分位数模型中均有显著的消极影响，回归系数呈先降低后升高的趋势，在0.5分位数模型中达到-0.295的最低点。经营性活动与管理人员的交互效应的回归系数呈由负转正的趋势，但仅在0.2~0.4分位数模型中具有显著的消极影响。假设3c获得部分支持。

表6-7 科技人员个人收入的影响因素（交互效应模型）

影响因素	模型(1) 0.1	模型(2) 0.2	模型(3) 0.3	模型(4) 0.4	模型(5) 0.5	模型(6) 0.6	模型(7) 0.7	模型(8) 0.8	模型(9) 0.9
东部地区×受教育年限	-0.039 (0.034)	-0.018 (0.025)	0.003 (0.018)	0.011 (0.023)	0.029 (0.037)	0.028 (0.032)	0.023 (0.018)	0.018 (0.016)	0.004 (0.028)
东部地区×年龄	-0.008 (0.009)	-0.007 (0.006)	-0.002 (0.004)	0.000 (0.006)	-0.001 (0.009)	-0.001 (0.008)	0.003 (0.005)	0.007 (0.004)	0.008 (0.007)
体制外单位×受教育年限	-0.058 (0.038)	-0.031 (0.028)	-0.021 (0.020)	-0.026 (0.026)	-0.033 (0.042)	-0.037 (0.036)	-0.050** (0.021)	-0.011 (0.019)	0.009 (0.032)
国有集体企业×受教育年限	-0.054 (0.064)	-0.042 (0.046)	-0.025 (0.033)	-0.003 (0.043)	0.015 (0.069)	-0.019 (0.060)	-0.033 (0.035)	-0.007 (0.031)	-0.049 (0.053)
体制外单位×年龄	-0.019* (0.010)	-0.008 (0.007)	-0.006 (0.005)	-0.010 (0.007)	-0.003 (0.011)	0.000 (0.009)	0.000 (0.005)	0.007 (0.005)	0.014* (0.008)

续表

影响因素	模型(1) 0.1	模型(2) 0.2	模型(3) 0.3	模型(4) 0.4	模型(5) 0.5	模型(6) 0.6	模型(7) 0.7	模型(8) 0.8	模型(9) 0.9
国有集体企业×年龄	-0.030** (0.015)	-0.027** (0.011)	-0.023*** (0.008)	-0.016 (0.010)	-0.015 (0.016)	-0.015 (0.014)	-0.009 (0.008)	-0.008 (0.007)	-0.014 (0.012)
经营性活动×受教育年限	0.073 (0.063)	0.240*** (0.046)	0.249*** (0.033)	0.390*** (0.042)	0.368*** (0.068)	0.057 (0.059)	0.037 (0.034)	0.056* (0.031)	0.008 (0.052)
经营性活动×年龄	0.018 (0.017)	-0.163*** (0.012)	-0.213*** (0.009)	-0.225*** (0.011)	-0.295*** (0.018)	-0.054*** (0.016)	-0.029*** (0.009)	-0.020** (0.008)	-0.022 (0.014)
东部地区×管理人员	0.205 (0.246)	0.084 (0.178)	0.003 (0.127)	-0.020 (0.164)	0.046 (0.266)	0.058 (0.231)	0.107 (0.134)	0.054 (0.119)	0.157 (0.204)
体制外单位×管理人员	0.404 (0.289)	0.012 (0.210)	0.139 (0.150)	0.205 (0.193)	0.234 (0.313)	0.043 (0.272)	0.026 (0.158)	0.012 (0.140)	-0.168 (0.240)
国有集体企业×管理人员	0.413 (0.358)	0.190 (0.259)	0.404** (0.185)	0.460* (0.239)	0.277 (0.388)	0.324 (0.336)	0.385** (0.195)	0.342** (0.174)	0.758** (0.297)
经营性活动×管理人员	-0.961 (0.676)	-3.988*** (0.490)	-2.032*** (0.350)	-0.874* (0.451)	0.240 (0.733)	0.171 (0.635)	0.105 (0.369)	0.385 (0.328)	0.619 (0.561)
管理人员×受教育年限	0.092* (0.050)	0.033 (0.037)	0.010 (0.026)	0.005 (0.034)	-0.026 (0.055)	-0.028 (0.047)	-0.034 (0.028)	-0.023 (0.024)	-0.029 (0.042)
管理人员×年龄	-0.002 (0.013)	-0.016* (0.009)	-0.008 (0.007)	-0.007 (0.008)	-0.004 (0.014)	-0.007 (0.012)	-0.002 (0.007)	0.002 (0.006)	-0.015 (0.011)
_cons	-3.280** (1.445)	-3.308*** (1.049)	-2.822*** (0.749)	-0.753 (0.965)	-1.219 (1.568)	6.599*** (1.359)	7.430*** (0.788)	8.844*** (0.702)	9.318*** (1.201)
Obs.	1282	1282	1282	1282	1282	1282	1282	1282	1282
Pseudo R^2	0.5302	0.4028	0.3197	0.2412	0.1833	0.1550	0.1501	0.1552	0.1382

注：***、**和*分别表示 $p<0.01$、$p<0.05$ 和 $p<0.1$ 的显著性水平。

3. 收入分配差异的群体比较

科技人员、办事人员、商业服务业人员、生产运输工人、全体劳动者的收入分配状况见表6-8。与其他劳动者群体相比，科技人员受教育年限对收入水平的影响力低于办事人员（分别为0.064和0.087），但是高于商业服务业人员、生产运输工人和总体水平（分别为0.043、0.035、0.055）。科技人员年龄资历的收入回报率与总体水平基本持平（分别为0.046和0.045），低于商业服务业人员（0.057）、高于办事人员（回归系数为0.017但无显著性）和生产运输工人（0.038）。科技人员管理职务的收入回报率略高于总体水平（分别为0.325和0.287），但是低于商业服务业人员（0.463）和生产运输工人（0.334）。中国共产党党员身份在各个群体中均未能显著影响收入水平。

表6-8 收入分配的群体比较（基础模型）

变量名称	模型（1）科技人员	模型（2）办事人员	模型（3）商业服务业人员	模型（4）生产运输工人	模型（5）全体劳动者
受教育年限	0.064*** (0.011)	0.087*** (0.013)	0.043*** (0.008)	0.035*** (0.005)	0.055*** (0.003)
年龄	0.046*** (0.018)	0.017 (0.020)	0.057*** (0.014)	0.038*** (0.008)	0.045*** (0.006)
年龄平方项	0.000** (0.000)	0.000 (0.000)	-0.001*** (0.000)	0.000*** (0.000)	-0.001*** (0.000)
中国共产党党员	-0.018 (0.062)	-0.012 (0.080)	0.075 (0.084)	0.030 (0.057)	-0.022 (0.029)

续表

变量名称	模型（1）科技人员	模型（2）办事人员	模型（3）商业服务业人员	模型（4）生产运输工人	模型（5）全体劳动者
管理人员	0.325*** （0.069）	0.189** （0.083）	0.463*** （0.074）	0.334*** （0.053）	0.287*** （0.029）
东部地区	0.377*** （0.052）	0.204*** （0.068）	0.265*** （0.046）	0.178*** （0.029）	0.213*** （0.019）
体制外单位	0.108* （0.062）	-0.191** （0.083）	0.065 （0.079）	-0.163*** （0.057）	-0.034 （0.028）
国有集体企业	0.155* （0.081）	-0.083 （0.108）	0.068 （0.096）	-0.084 （0.062）	0.013 （0.035）
经营性活动	0.887*** （0.102）	0.777*** （0.155）	0.422*** （0.072）	0.236*** （0.044）	0.009 （0.025）
_cons	7.678*** （0.423）	7.774*** （0.535）	7.750*** （0.344）	8.716*** （0.203）	8.502*** （0.138）
Obs.	1282	829	1438	2836	7442
Pseudo R^2	0.1235	0.1013	0.1016	0.0799	0.0768

注：***、**和*分别表示 $p<0.01$、$p<0.05$ 和 $p<0.1$ 的显著性水平。

收入分配群体比较的交互效应模型见表6-9。从交互效应的比较情况看，区域层次的市场化效应在科技人员和其他劳动者之间没有显著差别，但是组织层次和个体层次的市场化效应具有明显差别。其中，区域层次的市场化对于科技人员和其他劳动者都影响甚微，东部地区与受教育年限、年龄、管理职务的交互效应均无显著影响。组织层次的市场化明显降低了全体劳动者与部分劳动者群体的受教育程度与年龄资历的收入回报率，提升了管理职务的收入回报率，但是这些影响对科技人员较微弱。经营性活动明显提升了科技人员受教育年限的收入回报，这种提升效应在办事人员群体中有相对较弱的显著影响，对于全体劳动者和其他劳动者群体则无显著性。经营性活动也降低了科技人员、全体劳动者及多个劳动者群体的年龄因素的收入回报，其强度明显高于全体劳动者。最后，经营性活动与管理职务的交互效应仅在办事人员群体中具有很强的影响力。

表6-9 收入分配的群体比较（交互效应模型）

影响因素	模型（1）科技人员	模型（2）办事人员	模型（3）商业服务业人员	模型（4）生产运输工人	模型（5）全体劳动者
东部地区×受教育年限	-0.005 (0.036)	-0.011 (0.028)	0.011 (0.017)	0.003 (0.010)	0.005 (0.005)
东部地区×年龄	-0.001 (0.009)	-0.008 (0.008)	0.005 (0.005)	-0.002 (0.003)	0.000 (0.002)
体制外单位×受教育年限	-0.020 (0.040)	-0.051 (0.033)	0.033 (0.028)	-0.012 (0.019)	-0.024*** (0.008)
国有集体企业×受教育年限	-0.006 (0.068)	-0.080 (0.052)	0.029 (0.036)	-0.003 (0.023)	-0.019 (0.012)
体制外单位×年龄	0.000 (0.011)	-0.018** (0.009)	0.002 (0.010)	-0.013** (0.006)	-0.016*** (0.003)
国有集体企业×年龄	-0.018 (0.016)	-0.026** (0.013)	-0.006 (0.012)	-0.013* (0.006)	-0.017*** (0.003)
经营性活动×受教育年限	0.396*** (0.067)	0.116** (0.057)	0.013 (0.026)	0.019 (0.015)	0.008 (0.008)
经营性活动×年龄	-0.296*** (0.018)	-0.267*** (0.018)	-0.032*** (0.008)	-0.031*** (0.004)	-0.010*** (0.002)

续表

影响因素	模型（1）科技人员	模型（2）办事人员	模型（3）商业服务业人员	模型（4）生产运输工人	模型（5）全体劳动者
东部地区×管理人员	0.051 (0.260)	-0.068 (0.196)	-0.147 (0.171)	0.164 (0.115)	0.044 (0.058)
体制外单位×管理人员	0.135 (0.305)	0.299 (0.230)	-0.467 (0.341)	0.214 (0.184)	0.238*** (0.072)
国有集体企业×管理人员	0.242 (0.378)	0.041 (0.333)	-0.726* (0.390)	0.075 (0.210)	0.236** (0.097)
经营性活动×管理人员	0.257 (0.714)	1.894*** (0.445)	0.250 (0.332)	-0.179 (0.177)	0.162 (0.099)
管理人员×受教育年限	-0.040 (0.053)	0.030 (0.041)	0.027 (0.029)	0.042** (0.018)	0.035*** (0.010)
管理人员×年龄	-0.004 (0.013)	0.005 (0.010)	-0.001 (0.009)	0.018*** (0.006)	0.001 (0.003)
_cons	-1.062 (1.530)	-5.434*** (1.331)	6.912*** (0.846)	6.786*** (0.457)	7.544*** (0.243)
Obs.	1282	829	1438	2836	7442
Pseudo R^2	0.1760	0.1372	0.1103	0.0868	0.0819

注：***、**和*分别表示 $p<0.01$、$p<0.05$ 和 $p<0.1$ 的显著性水平。

（五）小结

本书运用 2014 年中国劳动力动态调查数据和分位数回归模型研究了科技体制改革对科技人员收入分配的影响，尤其关注市场化导向对科技人员的人力资本、行政权力及其收入回报率的多重影响。市场化变量对科技人员的收入水平具有显著的积极影响，但未能在区域层次和组织层次显著提升科技人员人力资本因素的收入回报率,仅在个体层次上通过经营性活动显著影响人力资本的收入回报率。区域层次的市场化没有显著影响管理职务的收入回报率,组织层次上国有集体企业中管理职务的收入回报率有一定的提升,个体层次上的经营性活动局部性地降低了管理职务的收入回报率。另外,科技人员的收入分配与其他劳动者群体存在明显差异。总体来看,科技体制改革对科技人员的收入分配产生了复杂、微妙而独特的影响,改革效应的多样化、受众的异质性、科技人员与其他劳动者的差异等皆是证据。看似散乱的数据结果中隐约呈现了结构制度变量影响力减弱和个体变量影响力增强的线索。经历长期、系统化的科技体制改革后,科技领域整体性的制度与结构框架及相应的资源与要素分配格局已经基本调试完成,宏观因素对科技人员收入分配的影响力逐渐稳定,个体因素对收入分配的影响力趋于增强。换言之,宏观变量制造收入差异的能力保持稳定甚至有所下降,个体变量制造收入差异的能力相对增强,市场化与体制改革的影响从宏观社会结构与制度进一步走向微观心理与行为。

以下若干问题值得进一步探索:①科技人员通过哪些专业性或非专业性方式参与市场活动?是偏重于专利申请、成果转化、产品开发等专业性活动还是投资理财等非专业性活动?②这些市场活动对科技人员的收入分配产生了什么样的影响?尤其是市场活动如何通过影响业绩表现、人力资本、行政资本等因素的回报率影响其收入状况？③除了客观的收入状况外，科技体制改革如何影响科技人员的主观"获得感"？等等。尤为重要的深层问题是，科技体制改革如何影响了科技人员的心理与行为？对于这些问题的回答，需要认真梳理中国科技体制的改革进程，弄清收入分配、业绩考核、职业评价、人事管理等制度设计的政策导向与内在逻辑，了解科技人员的职业活动、收入水平、思想意识等方面状况，进而建立从宏观结构与制度到微观心理与行为的整体理论框架。关于科技体制改革对科技人员及其活动的复杂影响，还需要进一步的理论探索与经验研究。

第七章

总结、反思与探索

中国科技人员社会分层研究是把握和理解科技体制改革轨迹、科学与社会深度融合状况、国际科学与人才动态和社会科学本土化进展的切入点，也是探索未来的改革方向、治理体系、发展战略和本土特色必须全面厘清和深入理解的学术议题。这一研究议题起源于20世纪50—80年代默顿学派的科学分层研究，此后转向科学产出及其影响因素研究，近期的研究热点则是产学研合作及其与学术产出的关系。国内研究起步于20世纪80年代，在经历了早期的引进和介绍阶段后转向结合本土经验资料的科技人员分层研究，近年来的热点话题是论文产出、科研资源分配、收入状况等。基于国内外学者在理论体系、具体观点和研究方法等方面的研究进展，课题组以理论研究与经验研究相结合、结构研究与行动研究相结合、宏观研究与微观研究相结合、定量研究与定性研究相结合的思路，使用抽样调查数据、深度访谈资料、统计数据和文献资料对科技人员社会分层状况、影响因素、作用机制，以及科技人员面临的结构与制度力量、个体策略与行动等问题进行了深入的研究。这一研究具有重要的理论意义和实践意义：一方面，准确把握中国社会转型、科技体制改革、大科学深度演进等结构性、历史性因素，剖析中国科技人员分层状况的独特性及其社会根源,检验和反思既有理论观点与研究范式,挖掘本土化的概念与理论思想,有助于建立具有中国特色和时代特征的研究范式,推动科学社会学理论、方法和视角的本土化;另一方面,研究科技人员的群体特征、科研产出、学术资助与分层状况,分析资源分配、科技奖励、人才培养等制度设计与运行状况,能够为制定和完善科学合理的科技政策、人才政策和科技发展战略提供决策依据,有助于提高各级政府及科研管理部门相关工作的目的性、合理性与运作效率。

　　研究发现,中国科技人员的分化与分层主要表现在技术职称等级、管理职务等级和人才项目等级 3 个维度。技术职称既是科技人员技术水平和科研资历的综合体现,也是项目申报、研究生培养、薪资水平等资格或等级的基本门槛或判定条件。管理职务体现了科技人员在任职机构中所拥有的动员人力物力或施加影响的能力,对科学界的资源分配、科研评价等具有表层或潜在的多量影响。人才项目是人才头衔与科研资助相结合,融合职位、团队、平台、待遇等多种要素的人才选拔方式,在科技领域具有举足轻重的影响力。基于技术职称、管理职务和人才项目 3 个分层标准可以对当前中国科技人员进行多种层级划分。基于方便比较的考虑,课题组将科技人员分为上层、中上层、中层、中下层、下层 5 个层级。其中,上层科技人员的典型特征是具有正高级职称、拥有管理职务、获得国家级人才项目；中上层科技人员的典型特征是具有正高级职称、拥有管理职务、没有人才项目；中层科技人员的典型特征是具有正高级职称、无管理职务、获得地厅级人才项目；中下层科技人员的典型特征是具有副高级职称、无管理职务、无人才项目；下层科技人员的典型特征是具有中级或以下职称、无管理职务、无人才项目。在运用聚类分析进行分层的过程中，人才项目是最重要的分层变量，其次是管理职务和技术职称等级。进一步的影响因素分析表明，学术论文数量、纵向课题数量、纵向课题等级、技术专利数量对科技人员的分层地位具有重要影响，横向课题数量、学校等级、学科等级对部分维度上的分层地位具有一定的影响，性别、年龄、学位、所在省份也对分层地位具有不同程度的影响。

科技人员的职业晋升面临着绩效工资、业绩考核等制度性推力。绩效工资制度在细节设计和管理实践中表现出重科研、轻教学的取向，尤其是对高质量科研成果设置的高额奖励对高水平的科研人员来说颇具诱惑力。业绩考核以底线控制为基本思路，虽然有着相对明确的硬性规定，但是多数科技人员比较容易达成。与此同时，科技人员也面临着高校和地区人才争夺、高层人才和普通人才分化加剧、学术劳动力市场明显分割带来的结构性吸力，个人职业成长与高额职业薪酬、优良科研平台等强力挂钩，这也为科技人员的职业发展提供了强大的动力。在结构与制度双重力量的推动下，科技人员的应对策略包括勤奋甚至"拼命"、"专心搞研究"、寻求团队助力和功利性"挂名"等。

在当代中国的整个社会分层体系中，科技人员的客观分层地位和主观阶层认同相对较高。科技人员的客观分层地位仅次于党政群企负责人，但显著高于办事人员、个体户、商业服务业人员、生产运输工人、农林牧渔人员等。科技人员的客观分层地位主要受受教育年限、个人收入、管理职务、社会保障水平等因素的影响，这些因素在科技人员群体和其他群体中的影响比较相似。科技人员的主观阶层认同也相对较高，主要受个人收入、受教育年限等客观变量和工作满意度、生活幸福感、相对公平感等社会意识变量的影响。但是，科技人员的阶层认同模式与其他群体相比较并无显著区别，尤其是受教育年限因素在科技人员和其他职业群体中对阶层认同的影响力比较相似。

此外，课题组还对科技人员收入分配的两个专题进行了深入研究。一是绩效工资制度对科技人员科研产出的影响。基于案例资料的研究发现，以强调科研、强调质量为基本导向的绩效工资制度强有力地提升了科研成果的档次结构，但这是以低档次成果的减少为代价的。绩效工资本来是要激励科技人员创造更多的、质量更高的科研成果，结果却造成了科研成果的平庸化和低档次成果的减少。绩效工资也未能在个体层次上改变多数人的发表模式与科研习惯。所以，单独的绩效工资并不能强力改变科研模式、提升科研表现，它还需要一系列的组织与制度建设措施与之匹配。二是科技体制改革对收入分配的影响。研究发现,市场化导向的科技体制改革对科技人员的收入分配具有多重影响。市场化变量对收入水平的影响主要表现为东部地区相对于中西部地区的收入优势、经营性活动参与者相对于非参与者的收入优势,但是企业化单位相对于机关事业单位仅有微弱的收入优势。市场化未能在区域层次和组织层次显著提升人力资本的收入回报率,但在个体层次上通过经营性活动显著影响人力资本的收入回报率。经营性活动提高了受教育年限的收入回报率,却降低了年龄资历的收入回报率。区域层次的市场化没有显著影响管理职务的收入回报率,组织层次上,国有集体企业中管理职务的收入回报率有一定的提升,个体层次上的经营性活动局部性地降低了管理职务的收入回报率。

总体来看,科技人员的社会分层是多股力量复杂交织的产物。第一股力量是科学界内部的自发分层动力,这是科学界内部对知识创新的优先权争夺及与之密不可分的马太效应、优势积累等作用机制的产物。第二股力量来自国家政权,基于科学技术的社会效应、"科学技术是第一生产力"的理念、自主创新和国家创新体系等宏观战略,国家政权以其强大的公信力和组织力为基础,通过战略规划、政策制定乃至行政管理等多种手段介入科学界的社会分层。通过各类人才计划选拔杰出科技人员并服务于经济社会发展就是国家政权力量介入科技人员分层的一个典型例子。第三股力量来自市场,在产学研合作浪潮的冲击下和国家战略的推动下，市场力量和逻辑以前所未有的广度和深度介入科学技术领域，科技人员借此大势通过多种专业性或非专业性的方式参与市场活动，这对科技人员的产出数量与质量、产出结构、自身认知与导向、收入水平与结构等产生了广泛的影响。第四种力量来自科技人员个体，科技人员既不是规范的傀儡也不再局限于象牙塔，而是以积极主动的姿态迎接科学界内外力量的冲击，并通过自身的理性策略和实践行动来追逐职业利益、提升层级地位。

课题研究在以下 3 个方面存在一定的不足：①课题成果对科技人员的学术论文、纵向课题、科技奖项等学术成果给予充分关注，对产学研合作成果则偏重于技术专利、横向课题等已经获得政策文件和管理实践认可的成果形式，但是较少涉及商业咨询、定向研究、联合研发、产品开发、创办企业等产学研合作成果，数据信息收集相对较少、相关议题研究尚未深入。②课题成果对科技人员的社会分层状况与影响因素进行深入讨论，但是较少涉及新时期地区发展、产业升级、学科评估引发的人才争夺战和越发活跃的人才职业流动，尤其对于科技人员从学术界到产业界的流动态势及其科技效应、社会效应关注不多。③课题成果主要基于调查数据探讨了科学界的社会分层状况，以及科技领域中的职称评定、绩效管理等重要制度及其运行状况，但是对于管理人员选拔及其影响、人才计划及其选拔、申报课题和发表论文的微观经验的研究尚有待深入。

后续值得研究的议题包括：①科技体制改革的微观效应问题，尤其是推动产学研合作、放活人事管理、科技评价体系调整等改革，从中央到地方乃至具体机构中如何制定和实施，制度变革如何产生制度预期结果与非预期结果，尤其是如何通过定量研究展示科技体制改革的基本导向及其具体措施的改革效应。②产学研合作诸多形式之间的逻辑关系与数理关系，产学研合作与教育教学、科技研发等任务之间的权重比例与换算方式，充分调动科技人员深入参与多种形式的产学研合作的激励政策与作用机制。③当前，科技人员所面临的劳动力市场分割状态及差别化要求，科技人员职业流动的个体方面、家庭方面、组织方面和社会结构方面的"推力"与"拉力"，科技人员职业流动对科学产出、产学研合作、收入分配等方面的影响，以及推动科技人员合理有序流动的政策建议等。

参 考 文 献

[1] ABRAMO G, D-ANGELO C A, COSTA F D. Research collaboration and productivity: is there correlation? [J]. *Higher Education*, 2009, 57 (2): 155-171.

[2] ALLISON P D, LONG J S, KRAUZE T K. Cumulative advantage and inequality in science [J]. *American Sociological Review*, 1982, 47 (5): 615-625.

[3] ALLISON P D, LONG J S. Departmental effects on scientific productivity [J]. *American Sociological Review*, 1990, 55 (4): 469-478.

[4] ANGERMULLER J. Academic careers and the valuation of academics: A discursive perspective on status categories and academic salaries in france as compared to the U. S. Germany and Great Britain [J]. *Higher Education*, 2017, 73 (6): 963-980.

[5] AURANEN O, NIEMINEN M. University research funding and publication performance—an international comparison [J]. *Re-*

search Policy, 2010, 39 (6): 822-834.

[6] AZOULAY P, DING W, STUART T. The impact of academic patenting on the rate, quality and direction of (public) research output [J]. *The Journal of Industrial Economics*, 2009, 57 (4): 637-676.

[7] BALDINI N, GRIMALDI R, SOBRERO M. To patent or not to patent—A survey of Italian inventors on motivations, incentives, and obstacles to university patenting [J]. *Scientometrics*, 2007, 70 (2): 333-354.

[8] BEHRAVAN H J. Study of factors influencing research productivity of agriculture faculty members in Iran [J]. *Higher Education*, 2011, 62 (5): 635-647.

[9] BEKKERS R, FREITAS I. Analysing knowledge transfer channels between universities and industry: To what degree do sectors also matter? [J]. *Research Policy*, 2008, 37 (10): 1837-1853.

[10] BIAN Y J, LOGAN J R. Market transition and the persistence of power: The changing stratification system in urban China [J]. *American Sociological Review*, 1996, 61 (5): 739-758.

[11] BLAND C J, CENTER B A, FINSTAD D A, et al. A theoretical, practical, predictive model of faculty and department research productivity [J]. *Academic Medicine*, 2005, 80 (3): 225-237.

[12] BLUMENTHAL D, CAMPBELL E G, ANDERSON M S,

et al. Withholding research results in academic life science [J]. *Jama the Journal of the American Medical Association*, 1997, 277 (15): 1224-8.

[13] BOZEMAN B, GAUGHAN M. Impacts of grants and contracts on academic researchers' interactions with industry [J]. *Research Policy*, 2007 (36): 694-707.

[14] BREWER G A, DOUGLAS J W, FACER R, et al. Determinants of graduate research productivity in doctoral of programs of public administration [J]. *Public Administration Review*, 1999, 59 (5): 373-382.

[15] BUENSTORF G. Is commercialization good or bad for science? Individual-level evidence from the Max Planck Society [J]. *Research Policy*, 2009, 38 (2): 281-292.

[16] CALDERINI M, FRANZONI C, VEZZULLI A. If star scientists do not patent: The effect of productivity, basicness and impact on the decision to patent in the academic world [J]. *Research Policy*, 2007, 36 (3): 303-319.

[17] CALLAERT J, LANDONI P, LOOY B V. Scientific yield from collaboration with industry: The relevance of researchers' strategic approaches [J]. *Research Policy*, 2015, 44 (4): 990-998.

[18] CAMPBELL E G, CLARRIDGE B R, GOKHALE M. Data Withholding in Academic Genetics [J]. *The Journal of the American*

Medical Association, 2002, 287 (4): 473-480.

[19] CAO C. *China's scientific elite* [M]. London: Rout ledge Curzon, 2004.

[20] COLE J R, COLE S. *Social stratification in science* [M]. Chicago: The University of Chicago Press, 1973.

[21] CRAIN N. Determinants of publication productivity: An empirical analysis [J]. *Public Choice*, 2010, 142 (3/4): 265-277.

[22] CRESPI G, D'ESTE P, FONTANA R, et al. The impact of academic patenting on university research and its transfer [J]. *Research Policy*, 2008, 40 (1): 55-68.

[23] DEFRAJA G, FACCHINI G, GATHERGOOD J. How much is that star in the window? professorial salaries and research performance in UK universities [J]. *SSRN Electronic Journal*, 2016. DOI: 10.2139/ssrn.2815174.

[24] DUQUE R B, YNALVEZ M, SOORYAMOORTHY R, et al. Collaboration paradox: Scientific productivity, the internet, and problems of research in developing areas [J]. *Social Studies of Science*, 2005, 35 (5): 755-785.

[25] ETZKOWITZ H, LEYDESDORFF L. The dynamics of innovation: From national systems and "Mode 2" to a triple helix of university - industry - government relations [J]. *Research Policy*, 2000, 29 (2): 109-123.

[26] FABRIZIO K R, MININ A D. Commercializing the laboratory: Faculty patenting and the open science environment [J]. *Research Policy*, 2008, 37 (5): 914-931.

[27] FENDER B F, TAYLOR S W, BURKE K G. Isn't it ironic? Research rewards and teaching taxes [J]. *Journal of Business & Economics Research*, 2015, 13 (4): 231-240.

[28] FIER H, PYKA A. Against the one–way–street: Analyzing knowledge transfer from industry to science [J]. *The Journal of Technology Transfer*, 2010, 39 (10): 219-246.

[29] FOX M F, MOHAPATRA S. Social-organizational characteristics of work and publication productivity among academic scientists in Doctoral-Granting Departments [J]. *The Journal of Higher Education*, 2007, 78 (5): 542-571.

[30] FOX M F. Research, teaching, and publication productivity: Mutuality versus competition in academia [J]. *Sociology of Education*, 1992, 65 (4): 293-305.

[31] FREEMAN C. *Technology and economic performance: Lessons from Japan* [M]. London: Pinter Publishers, 1987.

[32] GIBBONS M, LIMOGES C, NOWOTNY H. *The new production of knowledge. The dynamics of science and research in contemporary societies* [M]. London: Peter Scott and Martin Trow, 1994.

[33] GIBSON J, ANDERSON D L, TRESSLER J. Citations or

journal quality: Which is rewarded more in the academic labor market? [J] *Economic Inquiry*, 2017, 55 (4): 1945-1955.

[34] GIBSON J, BURTON-MCKENZIE E. Are returns to research quality lower in agricultural economics than in economics? [J]. *Australian Journal of Agricultural and Resource Economics*, 2017, 61 (3): 498-514.

[35] GOKTEPE-HULTEN D, MAHAGAONKAR P. Inventing and patenting activities of scientists: In the expectation of money or reputation [J]. *The Journal of Technology Transfer*, 2010, 35 (4): 401-423.

[36] GRIMM H M, JAENICKE J. Testing the causal relationship between academic patenting and scientific publishing in Germany: Crowding-out or reinforcement? [J]. *The Journal of Technology Transfer*, 2015, 40 (3): 512-535.

[37] GULBRANDSEN M, LANGFELDT L. In Search of "Mode 2": the Nature of Knowledge Production in Norway [J]. *Minerva*, 2004, 42 (3) : 237-250.

[38] GULBRANDSEN M, SMEBY J C. Industry funding and university professors' research performance [J]. *Research Policy*, 2005, 34 (6): 932-950.

[39] HAMERMESH D, PFANN G. Reputation and earnings: the roles of quality and quantity in academe [J]. *Economic inquiry*,

2012, 50 (1): 1-16.

[40] HILMER C E, HILMER M J, LUSK J L. A comparison of salary structures between economics and agricultural economics departments [J]. *Applied Economic Perspectives and Policy*, 2012 (34): 1-20.

[41] HOTTENROTT H, THORWARTH S. Industry funding of university research and scientific productivity [J]. *Kyklos*, 2011, 64 (4): 534-555.

[42] HUNTER L A, LEAHEY E. Parenting and research productivity: New evidence and methods [J]. *Social Studies of Science*, 2010, 40 (3): 433-451.

[43] JACOB B A, LEFGREN L. The impact of research grant funding on scientific productivity [J]. *J Public Econ*, 2011, 95 (9/10): 1168-1177.

[44] JIN J C, CHO J R. Faculty salary at Korean Universities: Does publication matter? [J]. *Asia Pacific Education Review*, 2015, 16 (3): 343-351.

[45] JONATHAN D J. Mode 2 knowledge and institutional life: Taking gibbons on a walk through a south African university [J]. *Higher Education*, 2002, 43 (4): 507-521.

[46] JORGENSEN F, HANSSEN T E S. Research incentives and research output [J]. *Higher Education*, 2018 (76): 1029-1049.

[47] KLITKOU A, GULBRANDSEN M. The relationship between academic patenting and scientific publishing in Norway [J]. *Scientometrics*, 2010, 82 (1): 93-108.

[48] KWIEK M. Social stratification in higher education: What it means at the micro-level of the individual academic scientist [J]. *Higher Education Quarterly*, 2019, 73 (2): 419-444.

[49] KYVIK S, TEIGEN M. Child care, research collaboration, and gender differences in scientific productivity [J]. *Science Technology & Human Values*, 1996, 21 (1): 54-71.

[50] KYVIK S. Are big university departments better than small ones? [J]. *Higher Education*, 1995, 30 (3): 295-304.

[51] LANDRY R, TRAORE N, GODIN B. An econometric analysis of the effect of collaboration on academic research productivity [J]. *Higher Education*, 1996, 32 (3): 283-301.

[52] LEE S, BOZEMAN B. The impact of research collaboration on scientific productivity [J]. *Social Studies of Science*, 2005, 35 (5): 673-702.

[53] LEYDESDORFF L, ETZKOWITZ H. The triple helix as a model for innovation studies [J]. *Science and Public Policy*, 1998, 25 (3): 195-203.

[54] LEYDESDORFF L, ETZKOWITZ H. Emergence of a triple helix of university—industry—government relations [J].

Science and Public Policy, 1996, 23 (5): 279-286.

[55] LONG J S, MCGINNIS R. Organizational context and scientific productivity [J]. American Sociological Review, 1981, 46 (4): 422-442.

[56] LONG J S. Productivity and academic position in the scientific career [J]. American sociological review, 1978, 43 (6): 889-908.

[57] LONG J S. Scientific careers: Universalism and particularism [J]. Annual Review of Sociology, 1995, 21 (1): 45-71.

[58] LONG R G, BOWERS W P, BARNETT T. Research productivity of graduates in management: Effects of academic origin and academic affiliation [J]. The Academy of Management Journal, 1998, 41 (6): 704-714.

[59] LOOY B V, CALLAERT J, DEBACKERE K. Publication and patent behaviour of academic researchers: Conflicting, reinforcing or merely co-existing? [J]. Research Policy, 2006, 35 (4): 596-608.

[60] LUTTER M, SCHRODER M. "Who becomes a tenured professor, and why?" [J]. Research Policy, 2016, 45 (5): 999-1013.

[61] MARSH H, HATTIE J. The relation between research productivity and teaching effectiveness [J]. Journal of Higher Education, 2002, 73 (5): 603-641.

[62] MARTíNEZ C, AZAGRA-CARO J M, MARAUT S. Academic

inventors, scientific impact and the institutionalisation of pasteur's quadrant in Spain [J]. *Industry & Innovation*, 2013, 20 (5): 438-455.

[63] MERTON R K. The matthew effect in science II: Cumulative advantage and the symbolism of intellectual property [J]. *Isis*, 1988, 79 (4): 602-623.

[64] MERTON R K. The sociology of science: Theoretical and empirical investigations [M]. *Chicago: the University of Chicago Press*, 1973.

[65] NEE V. A theory of market transition: From redistribution to markets in state socialism [J]. *American Sociological Review*, 1989, 54 (5): 663-681.

[66] NEE V. The emergence of a market society: Changing mechanisms of stratification in China [J]. *American Journal of Sociology*, 1996, 101 (4): 908-949.

[67] NELSON R R. National innovation systems: A comparative analysis [M]. *Oxford: Oxford University Press*, 1993.

[68] OECD. Managing national innovation systems [R]. Paris: OECD, 1999.

[69] PARISH W L, MICHELSON E. Politics and markets: Dual transformations [J]. *American Journal of Sociology*, 1996, 101 (4): 1042-1059.

[70] PENIN J. On the consequences of patenting university research: Lessons from a survey of french academic inventors [J]. *Industry & Innovation*, 2010, 17 (5): 445-468.

[71] PRAKHOV I. The determinants of academic salaries in Russia [J]. *Higher Education*, 2019. https://doi.org/10.1007/s10734-018-0301-y.

[72] RAMSDEN P. Describing and explaining research productivity [J]. *Higher Education*, 1994, 28 (2): 207-226.

[73] RESKIN B F. Scientific productivity and the reward structure of science [J]. *American Sociological Review*, 1977, 42 (3): 491-504.

[74] RONA-TAS A. The first shall be last? Entrepreneurship and communist cadres in the transition from socialism [J]. *American Journal of Sociology*, 1994, 100 (1): 40-69.

[75] ROSENBLOOM J L, GINTHER D K, TED J. The effects of research & development funding on scientific productivity: Academic chemistry, 1990—2009 [J]. *PLOS ONE*, 2015, 10 (9): 1-23.

[76] SANDNES F E. Do norwegian academics who publish more earn higher salaries? [J]. *Scientometrics*, 2018 (115): 263-281.

[77] SLAUGHTER S, LESLIE L. Academic capitalism: Politics, policies, and the entrepreneurial university [M]. Baltimore: Johns Hopkins University Press, 1999.

[78] SLAUGHTER S, RHOADES G. Academic capitalism and the new economy: Markets, state, and higher education [M]. Baltimore: Johns Hopkins University Press, 2004.

[79] TEODORESCU D. Correlates of faculty publication productivity: A cross-national analysis [J]. *Higher Education*, 2000, 39 (2): 201-222.

[80] WEBER-MAIN A M, FINSTAD D A, CENTER B A, et al. An adaptive approach to facilitating research productivity in a primary care clinical department [J]. *Academic Medicine*, 2013, 88 (7): 929-938.

[81] XIE Y, HANNUM E. Regional variation in earnings inequality in reform-era urban China [J]. *American Journal of Sociology*, 1996, 101 (4): 950-992.

[82] XIE Y, KIMBERLEE A S. Sex differences in research productivity: New evidence about an old puzzle [J]. *American Sociological Review*, 1998, 63 (6): 847-870.

[83] ZIMAN J. Real Science: What it is and what it means [M]. London: Cambridge University Press, 2000.

[84] ZUCKERMAN H. Scientific elite: Nobel laureates in the United States [M]. New York: Free Press, 1977.

[85] 埃茨科威兹. 国家创新模式: 大学、产业、政府三螺旋创新战略 [M]. 周春彦, 译. 北京: 东方出版社, 2014.

[86] 埃茨科维兹. 三螺旋创新模式：亨利·埃茨科维兹文选 [M]. 陈劲, 译. 北京：清华大学出版社, 2016.

[87] 白新文, 黄真浩. 高层次青年人才成长效能的影响因素——以百人计划为例 [J]. 科研管理, 2015, 36 (12)：138-145.

[88] 鲍威, 杜嫱. 冲突·独立·互补：研究型大学教师教学行为与科研表现间关系的实证研究 [J]. 北京大学教育评论, 2017, 15 (4)：107-125, 187-188.

[89] 边燕杰, 张展新. 市场化与收入分配——对1988年和1995年城市住户收入调查的分析 [J]. 中国社会科学, 2002 (5)：97-111, 205.

[90] 曹聪, 李宁, 李侠. 中国科技体制改革新论 [J]. 自然辩证法通讯, 2015, 37 (1)：12-23.

[91] 陈晨. 大学教师"教学与科研"活动的行动逻辑——差异化的选择策略 [J]. 现代大学教育, 2020 (1)：26-34.

[92] 陈先哲. 学术锦标赛制：中国学术增长的动力机制与激励逻辑 [J]. 高等教育研究, 2017, 38 (9)：30-36.

[93] 陈轩瑾, 解峰, 窦天芳. 替代效应还是互补效应？——商业化知识生产对学术知识生产的影响 [J]. 技术经济, 2018, 37 (10)：91-97, 130.

[94] 陈志俊, 张昕竹. 科研资助的激励机制研究——分析框架与文献综述 [J]. 经济学（季刊）, 2004 (4)：1-26.

[95] 方新. 中国科技体制改革——三十年的变与不变

［J］．科学学研究，2012，30（10）：1441-1443．

［96］付连峰．市场化、体制庇护与科学建制——科技人员阶层认同问题研究［J］．科学学研究，2019，37（12）：2130-2140．

［97］付连峰．中国科技人员的产学研合作与职业晋升激励［J］．自然辩证法通讯，2018，40（8）：92-99．

［98］付连峰．中国科技人员的权力分层研究［J］．中国科技论坛，2016（3）：138-144．

［99］耿强．从城市定位与竞争战略看"抢人大战"［J］．人民论坛，2018（15）：12-14．

［100］古继宝，李国伟．基础研究人员流动的分层次管理研究［J］．科学学与科学技术管理，2006（2）：109-113．

［101］顾剑秀，裴蓓，罗英姿．研究型大学职称晋升评价制度对教师行为选择的影响——兼论大学教师发展模型的构建［J］．中国高教研究，2020（7）：66-72．

［102］顾昕．科学共同体的社会分层［J］．自然辩证法通讯，1987（4）：21-29．

［103］郭柏林，鲁世林．"双一流"背景下高校人才引进政策特点、问题与对策——基于六所部属师范院校的分析［J］．研究生教育研究，2019（5）：76-82．

［104］郭卉，姚源．研究型大学教师教学和科研工作关系十年变迁——基于 CAP 和 APIKS 调查［J］．中国高教研究，

2020（2）：77-84.

[105] 郭卉，姚源. 中国青年学术精英生成中的资质与资本因素影响探究——基于生物学科教师的调查［J］. 高等教育研究，2019，40（10）：46-58.

[106] 郭俊华，程聪慧，何军，何晓君，李祥太. 基于熵权法的科技人才项目绩效评价研究——以上海市"浦江人才"计划为例［J］. 科技进步与对策，2015，32（19）：119-125.

[107] 郭书剑，王建华. "双一流"建设背景下我国大学高层次人才引进政策分析［J］. 现代大学教育，2017（4）：82-90，112-113.

[108] 郭书剑. 制度化精英主义与中国大学学术精英的生成［J］. 高等教育研究，2020，41（3）：77-85.

[109] 郝大海，李路路. 区域差异改革中的国家垄断与收入不平等——基于2003年全国综合社会调查资料［J］. 中国社会科学，2006（2）：110-124，207.

[110] 何光喜，赵延东，杨起全. 我国科研资源分配不均等程度初探——对科研人员经费集中情况的分析［J］. 中国软科学，2014（6）：58-66.

[111] 何光喜，赵延东，张文霞. 科研人员的时间去哪儿了［N］. 科技日报，2014-06-15（2）.

[112] 侯清麟，刘文良. 高校教学、科研和谐发展的困惑与超越［J］. 高等工程教育研究，2012（6）：91-95，180.

[113] 黄海刚, 连洁, 曲越. 高校"人才争夺": 谁是受益者?——基于"长江学者"获得者的实证分析 [J]. 北京师范大学学报(社会科学版), 2018 (5): 39-52.

[114] 吉本斯, 等. 知识生产的新模式: 当代社会科学与研究的动力学 [M]. 陈洪捷, 译. 北京: 北京大学出版社, 2011.

[115] 姜梅, 史静寰. 学术资本主义对学术职业发展的影响 [J]. 江苏高教, 2015 (6): 14-17.

[116] 邝小军. 科技工作者社会分层研究 [D]. 天津: 南开大学, 2010.

[117] 蓝晔, 刘莉. "双一流"建设高校教师科研合作现状和意愿——基于2019年上海市10所高校的问卷调查 [J]. 中国高校科技, 2020 (5): 26-29.

[118] 雷斯尼克. 真理的代价: 金钱如何影响科学规范 [M]. 蔡仲, 译. 南京: 南京大学出版社, 2019.

[119] 雷斯尼克. 政治与科学的博弈 [M]. 陈光, 译. 上海: 上海交通大学出版社, 2019.

[120] 李峰, 魏玉洁, 孙梦园. 人才项目中的"压龄"申报现象研究——长江学者奖励计划和国家杰出青年科学基金案例分析 [J]. 重庆大学学报(社会科学版), 2019, 25 (2): 89-99.

[121] 李锋亮, 王云斌, 何光喜. 什么因素影响了大学教师

的学术发表?[J].教育发展研究,2016,36(11):14-20,45.

[122]李静,牛毅,林哲薇.高校行政权力与学术资源配置——基于国家社科基金项目微观数据的实证分析[J].教育与经济,2016(5):57-65.

[123]李廉水,崔维军.科技人员收入差距研究——基于基尼系数与泰尔指数的分析[J].科学学研究,2009,27(9):1360-1364,1383.

[124]李强,赵延东,何光喜.对科研人员的时间投入与论文产出的实证分析[J].科学学研究,2014,32(7):1044-1051.

[125]李容.我国公共农业科研机构科研激励制度调查分析——以1338名农业科学家为例[J].科学学研究,2012,30(1):72-80.

[126]李文平,刘莹.高校行政权力如何影响学术论文发表——基于"双一流"大学教育学院院长发表数据的双重差分估计[J].现代大学教育,2020,36(5):75-83,112.

[127]李志峰,廖志琼.当代中国高校学术职业分层及特征分析[J].中国高教研究,2013(8):20-25.

[128]李志峰,浦文轩,刘进.权力与学术职业分层——学校权力对高校教师职务晋升影响的实证研究[J].高等教育研究,2013,34(7):28-34.

[129]李志峰.高校学术职业分层制度的变迁逻辑[J].清华大学教育研究,2012,33(4):110-116,124.

[130] 林聚任. 科学界性别分化研究介绍 [J]. 妇女研究论丛, 1997 (2): 49-53.

[131] 林聚任. 论中国科学界的性别分化与性别隔离 [J]. 科学学研究, 2000 (1): 97-103, 112.

[132] 蔺亚琼. 人才项目与当代中国学术精英的塑造 [J]. 高等教育研究, 2018, 39 (11): 1-12.

[133] 刘贝妮. 我国高校教师过度劳动问题研究 [D]. 北京: 首都经济贸易大学, 2018.

[134] 刘海洋, 郭路, 孔祥贞. 学术锦标赛机制下的激励与扭曲——是什么导致了中国学术界的高数量与低质量？[J]. 南开经济研究, 2012 (1): 3-18.

[135] 刘海洋, 吴龙, 董维刚. 为什么中国学术研究数量众多但缺乏高水平成果？[J]. 科学学研究, 2012, 30 (8): 1134-1142.

[136] 刘精明. 劳动力市场结构变迁与人力资本收益 [J]. 社会学研究, 2006 (6): 89-119, 244-245.

[137] 刘珺珺. 科学社会学的研究传统和现状 [J]. 自然辩证法通讯, 1989 (4): 18-25.

[138] 刘强, 赵祥辉. "双一流" 建设背景下高校人才流动失序及其有效治理 [J]. 当代教育论坛, 2019 (3): 40-49.

[139] 刘睿. 中国高层次青年人才项目资助与产出分析——以 "国家自然科学基金青年项目" 为例 [J]. 中国青年研究, 2017 (3): 75-80, 99.

[140] 刘霄."谁"左右了高校教师的教学、科研选择——基于"能力"的认知而非"功利"的取向 [J].中国高教研究,2020(3):57-64.

[141] 刘旭阳,金牛.城市"抢人大战"政策再定位——聚焦青年流动人才的分析 [J].中国青年研究,2019(9):47-53.

[142] 刘振天.教学与科研内在属性差异及高校回归教学本位之可能 [J].中国高教研究,2017(6):18-25.

[143] 龙立荣,张海涛.绩效薪酬与科研人员突破性创新关系及管理策略 [J].湖北大学学报(哲学社会科学版),2012,39(6):81-86.

[144] 卢晓中,陈先哲.学术锦标赛制下的制度认同与行动逻辑——基于G省大学青年教师的考察 [J].高等教育研究,2014,35(7):34-40.

[145] 罗党论,应千伟,李旭峰.行政权力与学术资源配置——基于中国百篇优秀博士论文评选的经验证据 [J].世界经济文汇,2015(3):1-18.

[146] 马君,山鸣峰.科研导向下绩效工资的"倒U"效应——高校陡峭型薪酬结构的影响及优化 [J].上海大学学报(社会科学版),2013,30(1):111-124.

[147] 马名杰,张鑫.中国科技体制改革:历程、经验与展望 [J].中国科技论坛,2019(6):1-8.

[148] 马缨. 行政职务对我国科研人员论文发表的影响 [J]. 科学学研究, 2017, 35 (11): 1614-1622.

[149] 牛珩, 周建中. 海外引进高层次人才学科领域的定量分析与国际比较 [J]. 科技管理研究, 2017, 37 (6): 243-249.

[150] 牛珩, 周建中. 基于CV分析方法对中国高层次科技人才的特征研究 [J]. 北京科技大学学报（社会科学版）, 2012, 28 (2): 96-102.

[151] 齐亚强, 梁童心. 地区差异还是行业差异？——双重劳动力市场分割与收入不平等 [J]. 社会学研究, 2016, 31 (1): 168-190, 245-246.

[152] 秦广强, 魏钦恭. 基于多层线性模型的科研人员项目资源获得影响因素及其效应研究 [J]. 中国科技论坛, 2012 (3): 124-129, 155.

[153] 沈红, 熊俊峰. 高校教师薪酬差异的人力资本解释 [J]. 高等教育研究, 2013, 34 (9): 23-31.

[154] 石长慧, 李升. 我国科研人员的收入差距问题研究 [J]. 科学学研究, 2017, 35 (12): 1848-1853, 1895.

[155] 史冬波, 张子江. 人才计划与科学家职业流动：以长江学者为例 [J]. 图书情报知识, 2020 (2): 42-50.

[156] 司托克斯. 基础科学与技术创新 [M]. 周春彦, 译. 北京：科学出版社, 1999.

[157] 斯劳特, 莱斯利. 学术资本主义 [M]. 梁骁, 译. 北京: 北京大学出版社, 2014.

[158] 宋超, 冯雪, 宋绍智. 我国科研资源配置管理机制研究 [J]. 经济研究参考, 2012 (58): 45-53.

[159] 孙玲, 尚智丛. 浅析我国当代科技人员的社会分层结构 [J]. 科技管理研究, 2012, 32 (14): 174-179, 210.

[160] 孙文浩, 张益丰. 低房价有利于"抢人大战"城市科研人才集聚吗? [J]. 科学学研究, 2020, 38 (5): 813-825.

[161] 孙彦玲. 我国高层次人才项目选拔问题研究 [J]. 中国人力资源开发, 2016 (9): 82-87, 92.

[162] 唐靖, 张藜, 王新. 基础研究人才成长的沃土——对国家自然科学基金人才类项目的历史回顾 [J]. 中国科学基金, 2016, 30 (5): 395-402.

[163] 田人合, 张志强, 高志. 基于分段线性模型的科研项目论文产出评价研究——以杰青基金地球科学项目为例 [J]. 科技进步与对策, 2019, 36 (1): 142-151.

[164] 王奋宇, 卢阳旭, 何光喜. 对我国科技公共治理问题的若干思考 [J]. 中国软科学, 2015 (1): 1-13.

[165] 王高峰, 孔青青, 徐飞. 中外杰出科学家行政任职状况比较研究 [J]. 中国科技论坛, 2020 (11): 129-136.

[166] 王建华. 重温"教学与科研相统一" [J]. 教育学报, 2015, 11 (3): 77-86.

[167] 王志田. 科学界的社会分层效应 [J]. 科学技术与辩证法, 1991 (2): 39-40, 38.

[168] 温珂, 苏宏宇, STERN. 走进巴斯德象限：中科院的论文发表与专利申请 [J]. 中国软科学, 2016 (11): 32-43.

[169] 吴洪富. 透视美国研究型大学本科教学与科研关系的迷局 [J]. 高等教育研究, 2016, 37 (12): 94-102.

[170] 武毅英, 杨冬. 学术劳动力市场分割下的高校人才竞争问题审视 [J]. 江苏高教, 2019 (11): 32-42.

[171] 项继权, 贾尚栩, 赖颖冰. "政策留人"：城市人才新政的效度与优化——基于武汉大学生人才政策评价及行为选择的调查 [J]. 城市观察, 2019 (4): 124-131.

[172] 谢冬平. 人才项目嵌入与高校学术劳动力市场状态审视 [J]. 高校教育管理, 2017, 11 (6): 41-46.

[173] 辛斐斐, 范跃进. "双一流"建设背景下高校人才流动失序的反思及矫治 [J]. 高教探索, 2017 (10): 25-29.

[174] 徐飞, 汪士. 杰出科学家行政任职对科研创新的影响——以诺贝尔奖获得者与中国科学院院士比较为例 [J]. 科学学研究, 2010, 28 (7): 981-985.

[175] 徐娟, 王泽东. 我国大学高层次人才流动规律研究——来自6类项目人才简历的实证分析 [J]. 高校教育管理, 2020, 14 (2): 105-115.

[176] 徐军海, 施学哲, 王品亮. 基于扎根理论的创业类

人才项目绩效评价结构模型及指标体系研究——以江苏省"双创计划"创业类人才项目为例[J].河海大学学报(哲学社会科学版),2019,21(4):59-65,107.

[177] 徐祥运,林琳.中外杰出科学家行政任职差异的定性和定量比较[J].自然辩证法研究,2014,30(5):66-72+19.

[178] 许治,陈丽玉,王思卉.高校科研团队合作程度影响因素研究[J].科研管理,2015,36(5):149-161.

[179] 阎光才.学术等级系统与锦标赛制[J].北京大学教育评论,2012,10(3):8-23,187.

[180] 阎光才.学者还是教师:关于研究型大学的学术聘任标准[J].高等教育研究,2017,38(4):43-51.

[181] 阎光才.研究型大学中本科教学与科学研究间关系失衡的迷局[J].高等教育研究,2012,33(7):38-45.

[182] 阳毅,杨春瑰,崔维军.人力资本、岗位特征、工作绩效与科技人员收入差距[J].科学学与科学技术管理,2010,31(10):163-167.

[183] 姚昆仑.中国科学技术奖励制度研究[D].合肥:中国科学技术大学,2007.

[184] 易静,李志峰.高校学术职业分层:国内外研究述评与趋向[J].黑龙江高教研究,2011(6):16-19.

[185] 易余胤.高校科研团队成员合作博弈研究[J].暨

南学报（哲学社会科学版），2009，31（6）：138-141.

［186］于洁．如何实现大学教学与科研并重——一个研究框架的构建［J］．北京师范大学学报（社会科学版），2019（4）：15-22.

［187］余荔，沈红．我国高校教师收入差距状况及其决定因素——基于2007年和2014年调查数据的比较分析［J］．高等教育研究，2017，38（10）：30-38.

［188］喻修远，王凯伟．城市人才争夺：问题生成、利弊博弈与化解策略［J］．中国行政管理，2019（3）：88-92.

［189］张海峰．基于适度公平的高校教师绩效工资分配体系研究——以中部某省5所地方本科高校为例［J］．华中师范大学学报（人文社会科学版），2015，54（4）：47-55.

［190］张伟，徐广宇．高校顶尖青年人才的分布特征与集聚策略——基于国家级顶尖青年人才计划项目的比较分析［J］．国家教育行政学院学报，2016（8）：17-22.

［191］张曦琳，田贤鹏．"双一流"建设中的教师流动治理：挑战、困境与举措［J］．高教探索，2020（3）：108-114.

［192］张义芳．基于国际对比的中国科研事业单位科研人员工资制度问题与对策［J］．中国科技论坛，2018（7）：150-156.

［193］张勇，龙立荣．绩效薪酬对雇员创造力的影响：人—工作匹配和创造力自我效能的作用［J］．心理学报，2013，

45（3）：363-376.

［194］赵兰香．科研事业单位薪酬制度变化及其影响［J］．中国科技论坛，2007（3）：21-24，135.

［195］赵雷，等．青年创新人才创造力发展的影响因素——基于对25位"杰青"获得者访谈的质性分析［J］．中国青年政治学院学报，2011，30（3）：68-73.

［196］赵书松，廖建桥．绩效工资制下大学教师绩效非伦理风险及其规避策略［J］．高等教育研究，2013，34（2）：20-27.

［197］赵万里，付连峰．地位分层与当代中国的科技精英［J］．山西大学学报（哲学社会科学版），2013，36（1）：1-10.

［198］赵万里，穆滢潭．市场转型与科技人员收入差异影响因素——基于2009年调查数据的实证分析［J］．广东社会科学，2014（2）：188-198.

［199］赵万里．自治、他治与共治：当代科技的治理与创新［J］．中国社会科学评价，2018（4）：47-53，124-125.

［200］赵延东，洪伟．承担企业科研项目给科研人员带来了什么？［J］．科研管理，2015，36（12）：19-28.

［201］周扬，谢宇．二元分割体制下城镇劳动力市场中的工作流动及其收入效应［J］．社会，2019，39（4）：186-209.

［202］朱婷钰，赵万里．玛蒂尔达效应与科学界的性别不平等——基于对中国科技工作者分层状况的调查研究［J］．自然辩证法通讯，2017，39（5）：8-18.

致　谢

　　本书能够顺利完稿并出版，得益于很多组织和个人的支持与帮助。河南省教育厅"2021年度河南省高校科技创新人才（人文社科类）支持计划"（2021-CX-025）为本书提供了出版资助。感谢我的导师赵万里教授指引我进入科学社会学这个充满希望与机遇的研究领域。感谢集领导、老师、朋友三重身份于一身的刘继刚老师在我申请国家社科基金项目时对我的指导，让我有了更高的研究起点，教学科研过程中的提携也让我的学术研究受益匪浅。感谢苑国华、谌娟、赵庆伟、陈相云、李倍倍、郭周卿、高丽、吴俊、温芳芳、刘晓丽等同事和朋友，我的生活因为你们而更加丰富多彩。感谢我的妻子谷广娜、女儿洛伊和洛恩、父亲、母亲、岳父、岳母等，温暖的家为我的工作提供了源源不断的动力。

付连峰
2022年6月30日